竞技武术套路动作库

国家体育总局武术运动管理中心 审定

剑术

人民体育出版社

图书在版编目（CIP）数据

剑术 / 国家体育总局武术运动管理中心审定. -- 北京：人民体育出版社, 2023
（竞技武术套路动作库）
ISBN 978-7-5009-6319-6

Ⅰ. ①剑… Ⅱ. ①国… Ⅲ. ①剑术(武术)—套路(武术)—中国 Ⅳ. ①G852.241.9

中国国家版本馆CIP数据核字(2023)第097515号

*
人民体育出版社出版发行
北京新华印刷有限公司印刷
新 华 书 店 经 销
*
710×1000 16开本 12.75印张 169千字
2023年9月第1版 2023年9月第1次印刷
印数：1—3,000册
*
ISBN 978-7-5009-6319-6
定价：50.00元

社址：北京市东城区体育馆路8号（天坛公园东门）
电话：67151482（发行部） 邮编：100061
传真：67151483 邮购：67118491
网址：www.psphpress.com

编 委 会

主　　任　陈恩堂

副 主 任　徐翔鸿　杨战旗　陈　冲

总 主 编　陈恩堂

副总主编　樊　义　李英奎

主编

王晓娜（长拳）　　王　怡　刘海波（刀术）
范燕美　冯静坤（剑术）　　崔景辉　于宏举（棍术）
解乒乒　张继东（枪术）　　李朝旭　黄建刚（南拳）
魏丹彤（南刀）　　黄建刚　李朝旭（南棍）
李　强　周　斌（太极拳）　　吴雅楠　吕福祥（太极剑）

动作示范（以姓氏笔画为序）

王子文　巨文馨　吕泰东　刘忠鑫　汤　露
孙培原　杜洪杰　李剑鸣　杨顺洪　张雅玲
张　黎　陈洲理　查苏生　姚　洋　常志昭
梁永达　童　心

为武术更加灿烂的明天

——总结经典 传承经典 创造经典

陈恩堂

竞技武术套路动作库从立项到推出，历时3年有余，历经艰辛探究，今日终于得以付梓，令人欣喜万分。我谨代表国家体育总局武术运动管理中心、武术研究院、中国武术协会，对竞技武术套路动作库出版成书表示热烈的祝贺！

中华武术源远流长，博大精深，是中华民族优秀传统文化的瑰宝。古往今来，在武术发展的历史长河中，产生了许多独具特色的拳种流派，涌现了许多身怀绝技的武林高手，流传着许多让人津津乐道的传奇故事。历代的武术先辈们给我们留下了丰厚的武术遗产。作为新时代的武术人，把这份丰厚的武术遗产继承好、发展好，是我们义不容辞的责任。

把武术先辈们留下的丰厚武术遗产继承好、发展好，首先就是要对其进行系统地总结，在总结的基础上加以传承，在传承的过程中进行创新。竞技武术套路动作库，正是遵循这样的思路，总结经典，传承经典，创造经典。

——总结经典。竞技武术套路动作库，当前共收录具有源流和传统名称的武术经典动作1941式，分为长拳、刀术、棍术、剑术、枪术、南拳、南刀、南棍、太极拳、太极剑共10个子库，如字典汇编，毫分缕析，系统总结了长拳、南拳、太极拳三大拳种的经典动作，规范了技术方法，确定了技术标准，突出武术技击本质，展示武术攻防内涵。每一个经典动作都有源流出处，都具有传统名称，不仅符合人民群众对武术古往今来的认知，更是彰显了中华传统文化符号的经典魅力，充分体现了中华文化自信。

——传承经典。竞技武术套路动作库，通过总结经典，实现武术经典动作的标准化和规范化，本身就是对武术历史经典的传承。这些标准化、规范化的经典动作，既可供武术专业运动员在比赛中选用，让运动员的整套动作演练更具可比性，更加符合现代奥林匹克运动的特征，同时，也适合广大武术爱好者尤其是青少年朋友学习掌握，将专业和业余打通，普及和提高一体。通过竞技武术套路动作库，每一个武术习练者、爱好者都会成为武术经典的传承者，武术文化的传播者。

——创造经典。竞技武术套路动作库，不仅是在总结经典、传承经典，也在创造经典。人民群众有无限的创造力。人民群众在历史上创造了武术的经典，今后也必将继续创造武术新的经典。当前收录的1941个武术经典动作只是动作库的首期工程，今后每年都会更新，进行动态调整。创新动作经过中国武术协会审定通过后，将会成为竞技武术套路动作库的一部分，这充分体现了对中华优秀传统文化的创造性转化、创新性发展。

竞技武术套路动作库的推出，是武术运动科学化、标准化的又一重要标志，是武术运动发展史上具有里程碑意义的大事，凝结了全体武术人的智慧和汗水。在此，我谨以国家体育总局武术运动管理中心、武术研究院、中国武术协会的名义，向所有为竞技武术套路动作库付出不懈努力的武术前辈、专家、运动员、教练员、裁判员和工作人员们表示衷心的感谢！向所有关心支持武术事业改革发展的各界人士表示衷心的感谢！

国运兴则体育兴，国运兴则武术兴。在中华民族伟大复兴的新征程上，作为中华民族传统体育项目和优秀传统文化的代表，武术必将在体育强国、文化强国和健康中国建设中发挥着独特作用。竞技武术套路动作库，是武术发展的新的起点，为武术在更高水平的传承和繁荣开辟了新的道路，为武术进一步现代化、国际化奠定了重要基础，为武术走向奥林匹克大舞台迈出了坚实步伐。我们相信，以此作为新的起点，通过全体武术人的团结奋斗，武术的魅力将更加显现，武术的未来将更加美好！

2023年7月1日

（作者为国家体育总局武术运动管理中心主任、党委书记，国家体育总局武术研究院院长，中国武术协会主席）

CONTENTS / 目录

1 步型

1.1 弓步

弓步 001

传统术语：猿跳击心。

现代术语：跳转弓步刺剑。

源流：查剑昆吾剑第一段。

技法：刺。

动作过程： 上体左转，左脚向前上步蹬地发力，使身体腾空并向左后方回转，双脚同时落步，右腿屈膝成右弓步；同时，右手持剑随转体自腰间向前直刺，臂与肩同高；左手剑指附于右腕处；目视前方。

动作要点： 上下肢协调配合；跳转要快，落地要稳；刺剑力达剑尖。

弓步 002

传统术语：坐虎领衣。

现代术语：弓步架剑。

源流：青萍剑术第六路第五式。

技法：抽、架。

动作过程：右脚向右横跨一步，上体右转成右弓步；同时，右手持剑经体右侧腕花一周，并随转体向下、向右上斜带抽剑，横架于右额前上方，剑尖斜向左下方；左手剑指随抽剑附于右腕拇指侧；目视左前方。

动作要点：身械协调一致，动作连贯；架剑力达剑身。

弓步 003

传统术语：狼烟冲天。

现代术语：弓步扫剑。

源流：青萍剑术第六路第九式。

技法：云、扫。

动作过程：（1）右脚向右前方摆脚上步，左脚随即内扣蹍地，使上体向右后方回转；同时，右手持剑随转体在头上方沿逆时针方向平云一周；左手剑指附于右腕处。

（2）上动不停，右脚向右前方上步成右弓步；同时，右手持剑随转体由左向右平扫至右弓步体前上方，腕与肩平，手心向下；左手剑指上架于头部左上方；目视剑前端。

动作要点：扫剑腕与肩成水平，力达剑身前端。

弓步 004

传统术语：军门内柱。

现代术语：弓步反刺。

源流：青萍剑术第六路第十二式。

技法：挂、刺。

动作过程：（1）左脚、右脚、左脚依次向前进步，左腿屈膝成左弓步；同时，右手持剑经身体左、右两侧各由上向下、向后贴身立圆抄挂一周后屈肘收至右肩侧；左手剑指附于右腕处。

（2）左弓步不变；右手持剑向前上方探刺，手臂内旋，掌心向外；左手剑指上架于头部左上方；目视剑尖。

动作要点：挂剑贴身立圆，上下肢协调配合；立剑反刺上体前探；刺剑力达剑尖。

弓步 005

传统术语：拗步谦计。

现代术语：弓步探刺。

源流：青萍剑术第六路第十六式。

技法：刺。

动作过程： 右脚撤步成左弓步；同时，右手持剑屈肘上提至右耳侧后向前下方内旋探刺，拇指一侧朝下，剑尖斜向下；左手剑指上架于头部左上方；目视剑尖。

动作要点： 上下同时到位，臂与剑成一直线；刺剑力达剑尖。

弓步 006

传统术语：万户来朝。

现代术语：弓步撩刺。

源流：青萍剑术第六路第四十九式。

技法：云、截、撩、抽、刺。

动作过程：（1）上体右转，左脚撤步；同时，右手持剑在头上方沿逆时针方向平云一周，剑刃向上；左手剑指经体前划弧带至右肩处；目视剑前端。

（2）接上动，上体左转，左腿屈膝上提；同时，右手持剑随转体由后向下、向前上方贴身立圆撩击；左手剑指随势经腹前向上、向后贴身立圆划弧摆至体后；目随剑而视。

（3）上动不停，左脚落步，右腿屈膝上提；同时，右手持剑抽带至左腰侧后随势向前下截，并随提膝臂外旋，向后抽带至右腰间；左手剑指随势附于右腕处；目随剑而视。

（4）接上动，右脚向前落步成右弓步；同时，右手持剑向前直刺；左手剑指向左上架于头部左后上方；目视剑尖。

动作要点：技法清晰连贯，上下协调，以腰带臂，贴身立圆。

弓步 007

传统术语：碧云冲日。

现代术语：跳弓步刺剑。

源流：青萍剑术第六路第十八式。

技法：抱、刺。

动作过程：（1）左脚向后撤步，右腿屈膝上提；同时，右手持剑于体侧立圆腕花一周置于右胯旁；左手剑指屈肘按于左胯侧；目视前下方。

（2）接上动，重心前移，右脚向前落步后蹬地发力，左脚、右脚依次向前上步成右弓步；同时，右手持剑随右脚上步向前直刺；左手剑指上架于头部左后方；目视剑尖。

动作要点：贴身立圆，臂与剑身呈一直线；刺剑力达剑尖。

弓步 008

传统术语：缩身刺喉。

现代术语：闪身弓步刺剑。

源流：武当剑单剑套路第五十五式。

技法：刺。

动作过程：（1）右脚向右后方撤步，左脚脚尖点地成左虚步；同时，双手分按至体侧两胯旁，手心均向下；目视前方。

（2）接上动，重心前移，右脚向前上步成右弓步；同时，右手持剑向前内旋上刺，手心向下；左手剑指附于右前臂处；目视前方。

动作要点：闪身弓步直刺，臂与剑身呈一直线；刺剑力达剑尖。

弓步 009
传统术语：迎门中刺。
现代术语：弓步刺剑。
源流：武当剑单剑套路第二十九式。
技法：刺。

动作过程： 左脚向左前方上步成左弓步；同时，右手持剑自腰间向前直刺，腕与肩平；左手剑指上提至与肩同高，屈肘附于右腕处；目视前方。

动作要点： 上下同时到位，臂与剑身呈一直线；刺剑力达剑尖。

弓步 010

传统术语：云冲岐山。

现代术语：跳步弓步右斩剑。

源流：青萍剑术第六路第五十二式。

技法：带、斩。

动作过程：右脚向右前方上步蹬地发力，使双脚跳步腾空后向前依次落步，右腿屈膝成右弓步；同时，右手持剑经身体左侧由下向前上弧形撩带后屈收至左腰侧，随弓步向右前平斩，剑身平直，剑尖向前；左手剑指上架于头部左后上方；目视剑尖。

动作要点：配合协调一致，同时到位；斩剑力达剑身。

弓步 011

传统术语：双蛇盘柳。

现代术语：弓步左斩剑。

源流：青萍剑术第六路第五十六式。

技法：撩、截、点、斩。

动作过程：（1）左脚、右脚依次向右前方上步成右弓步；同时，右手持剑外旋使剑尖向前上方撩击并屈收回带至左腰侧，随弓步前蹬向右前方水平截剑；左手剑指架于头部左上方；目视剑尖。

（2）接上动，重心左移，上体向左后转，左腿屈膝成左弓步；同时，右手持剑随转体向右下方提腕点剑；目视右前下方。

（3）上动不停，上体向右后转，右腿蹬伸直立，左腿屈收附于右膝腘窝处；同时，右手持剑向右后平带，手心向下，剑尖向前。随即上体左转，左脚向左前方上步成左弓步；右手持剑随转体向左前方斩剑，手心向上；目视剑尖。

动作要点：技法连贯，以腰带剑，身械协调；剑与臂呈一直线，斩剑力达剑身。

弓步 012

传统术语：飞虎冲天。

现代术语：弓步右斩剑。

源流：青萍剑术第六路第二十一式。

技法：提、斩。

动作过程： 右脚向右前方上步后蹬地跳起，左脚、右脚向前跨跳成右弓步；同时，右手持剑经体右侧由下向左上提剑至头部左侧，随即屈收至左腰侧，再随弓步向右前平斩；左手剑指屈肘经右腕处向上撑架于头部左上方；目视前方。

动作要点： 跨跳步灵活轻巧，与提剑协调一致；斩剑以腰带臂，力达剑身。

弓步 013

传统术语：梅雪争辉。

现代术语：左右弓步截剑。

源流：青萍剑术第六路第六十一式。

技法：截、带。

动作过程：（1）右脚向右前方上步，左脚屈收扣于右膝腘窝处；同时，右手持剑上摆平举于右肩侧，剑尖斜向下；左手剑指上架于头部左上方。随后重心前移，左脚、右脚依次向前上步成右弓步；右手持剑向前上方撩击，随即屈肘回收至左腰侧后向右前方平截；左手剑指上架于头部左上方；目随剑而视。

（2）接上动，重心左移，上体左转；右手持剑随转体向左平带；左手剑指不变，仍架于头部左上方；目随剑而视。

（3）上动不停，重心右移，上体右转，右腿挺膝直立，左腿屈收后提；同时，右手持剑内旋带剑至身体右后方，手心向下。随即重心前移，左脚向前落步成左弓步；同时，上体左转，右手持剑外旋并向左前方平截，手心向上，剑身平直；左手剑指上架于头部左上方；目视剑尖。

动作要点：动作连贯紧凑；以腰带臂，上下协调一致，重心虚实转换。

弓步 014

传统术语：一扫中原。

现代术语：弓步截剑。

源流：青萍剑术第六路第三十九式。

技法：截。

动作过程：（1）上体右转，右脚向后撤步，左腿屈膝后提；同时，右手持剑向右后平举至肩高，手心向下；左手剑指上架于头部左上方；目视右后方。

（2）接上动，右脚蹬地发力后双脚依次向前落步；同时，上体左转，右手持剑向前上方平扫后屈收至左腰侧；左手剑指下落附于右腕处；目随剑而视。

（3）上动不停，上体右转，左腿蹬直成右弓步；同时，右手持剑随转体向前平截，手心向下；左手剑指由后向上架于头部左上方；目视前方。

动作要点：上下协调一致，力达剑身，灵巧快速；截剑力达剑身前部。

弓步 015
传统术语：击水冲月。
现代术语：撤步弓步刺剑。
源流：青萍剑术第六路第四十四式。
技法：刺。

动作过程： 左脚向后撤步，上体左后回转成左弓步；同时，右手持剑经腰间向前平刺；左手剑指上架于头部左上方；目视剑尖。

动作要点： 身械协调配合，力发于跟；刺剑力达剑尖。

弓步 016

传统术语：海内击石。

现代术语：弓步削剑。

源流：青萍剑术第六路第五十式。

技法：削。

动作过程：双腿屈蹲，上体微左转；右手带剑至身体左侧，剑尖斜向下；左手剑指附于右腕处。随即上体右转，右脚向右前方上步成右弓步；右手持剑随转体向右上方斜削；左手剑指向左后分展，手心向上；目视剑尖前端。

动作要点：臂与剑身呈一斜线，剑尖略高于头；削剑力达剑刃。

弓步 017
传统术语：雪内寻梅。
现代术语：弓步前探刺。
源流：青萍剑术第六路第五十九式。
技法：挂、刺。

动作过程：（1）上体左转，右脚向左前方摆脚上步；同时，右手持剑经体前由下向左上方抄挂；左手剑指附于右前臂内侧。随即上体右转，右脚掌蹍地使左脚屈收并向左前方上步；右手持剑随转体由上向右下方挂剑；左手剑指上摆至头部左上方；目随剑而视。

（2）上动不停，右腿蹬直成左弓步；同时，上体左转，右手持剑扣腕使剑身经右耳侧向前上方探刺，手心向右；左手剑指仍架于头部左上方；目视剑尖。

动作要点：衔接连贯，立圆贴身；刺剑力达剑尖。

弓步 018

传统术语：山夫刺豺。

现代术语：弓步直刺（一）。

源流：青萍剑术第一路第十四式。

技法：挂、刺。

动作过程：（1）上体向左后回转，右脚向前扣脚上步，左脚屈收并随转体向左前方落步；同时，右手持剑经体前由下向上抄挂并屈收附于右腰侧；左手置于左肩侧。

（2）重心前移，右腿蹬直成左弓步；右手持剑经腰间向前平刺；左手剑指上架于头部左上方；目视前方。

动作要点：身械协调，剑与臂呈一直线；刺剑力达剑尖。

弓步 019

传统术语：玉女投壶。

现代术语：弓步直刺（二）。

源流：青萍剑术第一路第四十一式。

技法：刺。

动作过程：（1）上体右后回转，左脚向前扣脚上步，双腿屈蹲；同时，右手持剑立剑于身前；左手剑指附于右腕处。随即左腿蹬伸直立，上体前俯，右腿屈膝后摆高举过头；双臂向体后分展；目视前方。

（2）接上动，上体直立，右脚向前落步成右弓步；同时，右手持剑经腰间向前直刺；左手剑指上架于头部左上方；目视前方。

动作要点：支撑腿独立稳固，摆动腿快速有力，高举过头；刺剑力达剑尖。

弓步 020

传统术语：金花落地。

现代术语：弓步下劈。

源流：青萍剑术第一路第二式。

技法：刺、劈。

动作过程：（1）右脚向前上步成右弓步；同时，右手持剑经腰间向前方直刺；左手剑指屈肘附于右前臂内侧；目视剑尖。

（2）接上动，左腿屈收向左前方上步成左弓步；同时，右手持剑经身体左侧向右前方下劈；左手剑指摆举至头部左上方；目视右前方。

动作要点：臂与剑身呈一直线；劈剑力达剑身前段。

弓步 021
传统术语：进步埋伏。
现代术语：弓步按剑。
源流：青萍剑术第一路第十二式。
技法：按。

动作过程： 左脚向左前方上步成左弓步；同时，右手持剑外旋使剑尖由右向上、向左下按剑于腹前；左手剑指附于右腕处；目视前方。

动作要点： 按剑与弓步协调一致，同时完成；按剑力达剑身后端。

弓步 022

传统术语：追星挂月。　　源流：青萍剑术第一路第十五式。

现代术语：抽剑弓步顶肘。　　技法：撩、抽。

动作过程： 上体右转，左腿微屈膝半蹲，右腿向前下弹踢；同时，右手持剑随转体由后向前下方撩击；左手剑指附于右腕处。随即右脚、左脚依次向前落步成左弓步；右手持剑内旋并向后抽剑置于身体右侧，手心向内；左手剑指变拳屈肘平架于左胸前；目视前方。

动作要点： 以臂带剑，成立圆撩击；力达剑身前段。

弓步023

传统术语：寒铓冲霄。　　源流：青萍剑术第一路第十九式。

现代术语：转身弓步点剑。　　技法：刺、点。

动作过程：（1）右脚向前上步成右弓步；同时，右手持剑立剑直刺；左手剑指经身体左侧向上撑架于头部左上方；目视前方。

（2）接上动，重心左移，上体左后回转成左弓步；同时，右手持剑随转体经头部上方向前下提腕点剑；左手剑指随势下落后经体左侧上摆置于头部左上方；目视剑尖。

动作要点： 动作协调连贯，立剑提腕；点剑力达剑尖。

弓步 024

传统术语：走马扫城。

现代术语：转身弓步截击。

源流：青萍剑术第一路第二十三式。

技法：截。

动作过程： 双腿屈蹲，重心下沉；同时，右手持剑以腕为轴向下、向上在体前立圆环绕一周置于左胯前；左手剑指附于右肩处；目视左下方。随即上体右转，右脚向右前方上步成右弓步；右手持剑经体前向右上方截击，手心向上，剑尖斜向上；左手剑指向左后分展；目视右上方。

动作要点： 上下协调一致；截剑力达剑身前部。

弓步 025

传统术语：海底捞沙。

现代术语：弓步右撩。

源流：青萍剑术第一路第二十五式。

技法：撩。

动作过程： 左脚向左前方上步成左弓步；同时，右手持剑经头部上方向右、向下、向前上方撩击，剑身高与肩平；左手剑指经体前由下向上弧形摆举至头部左上方；目视剑尖方向。

动作要点： 贴身立圆，手臂外旋；撩剑力达剑身前段。

弓步 026

传统术语：退步埋伏。

现代术语：弓步撩剑。

源流：青萍剑术第一路第八式。

技法：撩。

动作过程： 左脚向后撤步，随后重心下沉，右腿屈蹲成左仆步，随即重心前移成左弓步；同时，右手持剑由后向前下方弧形撩击，剑尖斜向下；左手剑指沿大腿内侧向前穿引并上架于头部左上方；目视剑尖。

动作要点： 重心转换虚实分明，衔接紧凑，上下协调配合；撩剑力达剑身前段。

弓步 027

传统术语：驱羊攻虎。

现代术语：弓步反手直刺。

源流：青萍剑术第一路第二十九式。

技法：撩、刺。

动作过程：（1）上体左转，左腿微屈膝半蹲，右腿向前下方弹踢。

（2）接上动，右脚、左脚依次向前上步成左弓步；右手持剑随转体向右后平带后屈肘回收至肩上耳侧，再随弓步向前反手直刺，剑身高与肩平，手心向下；左手剑指随势架于头部左上方；目视前方。

动作要点：上下协调一致，臂与剑身呈一直线；刺剑力达剑尖。

弓步 028

传统术语：仙人画图。

现代术语：弓步探刺。

源流：青萍剑术第一路第四十四式。

技法：刺。

动作过程：（1）上体微右转，右腿支撑独立，左腿屈收后提；同时，右手持剑扣腕下沉，使剑身立于身体右侧；左手剑指上架于头部左上方；目视右前方。

（2）接上动，左脚向左侧落步成左弓步，随即重心左移，上体左转；同时，右臂屈收经右耳侧向前上方反手直刺，手心向下，剑尖略高于肩；左手剑指下落，经体左侧上架于头部左上方；目视剑尖方向。

动作要点：身械协调，上下肢动作同时到位；刺剑力达剑尖。

弓步 029

传统术语：古月沉江。

现代术语：弓步直劈。

源流：青萍剑术第一路第四十九式。

技法：撩、劈。

动作过程：（1）上体右转，左脚向左后方撤步；同时，右手持剑经身体右侧自下向前上方立圆撩击，随即屈收至左腰侧后向前下方弧形反撩，手臂内旋，手心向外；左手剑指附于右肩处；目视剑尖。

（2）接上动，右脚向右前方上步成右弓步；同时，右手持剑经体前由左向上、向右前方立剑直劈；左手剑指上架于头部左上方；目视剑尖方向。

动作要点：上下肢协调配合，臂与剑呈一直线；劈剑力达剑身。

弓步 030

传统术语：海底采珠。

现代术语：弓步反撩（一）。

源流：盘龙剑（工剑体）第一段第八式。

技法：撩。

动作过程： 右脚向右前方上步成右弓步；同时，右手持剑经头部上方向左、向下、向右前下方弧形反撩，手心向右，剑尖斜向下；左手剑指附于右腕处；目视剑尖方向。

动作要点： 立圆贴身；撩剑力达剑身前段。

弓步 031

传统术语：羽客挥尘。

现代术语：弓步反撩（二）。

源流：青萍剑术第一路第五十一式。

技法：撩。

动作过程： 右脚向后撤步成左弓步；同时，右手持剑经头上方向左、向下、向右前上方弧形反撩，剑尖斜向上；左手剑指随势上架于头部左上方；目视剑尖方向。

动作要点： 立圆贴身，上下协调配合，同时到位；撩剑力达剑身前段。

弓步 032

传统术语：玉女送书。

现代术语：弓步横推。

源流：青萍剑术第一路第五十二式。

技法：推。

动作过程：（1）右脚、左脚依次向右前方上步，上体右转，双腿交叉屈膝全蹲成右歇步；同时，右手持剑屈肘收抱于右腰侧；左手剑指屈肘附于右腕处；目视剑身。

（2）接上动，上体左转，右腿蹬伸直立后左脚、右脚依次向左前方连上四步，随即屈右腿成右弓步；同时，右手持剑经腰间向前立剑平推，剑身竖直，剑尖向上；左手剑指经右腕处上架于头部左上方；目视剑身。

动作要点：行步重心保持平稳，持剑前推轻快敏捷；力达剑中段内侧刃。

弓步 033
传统术语：青龙吐须。
现代术语：转身弓步下刺。
源流：武当剑单剑套路第十九式。
技法：崩、抱、刺。

动作过程：（1）上体右转，左脚向右后方盖步，脚尖内扣；右手持剑向下、向右上方崩剑；左剑指附于右腕处；目视剑尖。
（2）上动不停，右腿提膝向右前方上步成右弓步；同时，双手抱剑至腹前，再随弓步向右前方下刺，手心向上，左剑指附于右腕处；目视剑尖。
动作要点：技法清晰，上下协调一致；刺剑力达剑尖。

弓步 034

传统术语：青龙出水。

现代术语：弓步反刺。

源流：武当剑单剑套路第五式。

技法：刺。

动作过程：（1）左脚向右后方撤步，双腿屈膝成右歇步；同时，右手持剑坐腕上崩；左手剑指上架于额前上方；目视右前方。

（2）接上动，上体左转，右脚向右后方撤步，右腿蹬直成左弓步；同时，右手持剑经右腰间向前上方反刺，手心斜向右，剑尖斜向上；左手剑指架于头上方；目视剑尖方向。

动作要点：身械协调一致，臂与剑身呈一直线；刺剑力达剑尖。

弓步 035

传统术语：顺步贯耳。

现代术语：弓步反崩。

源流：武当剑单剑套路第八式。

技法：抱、崩。

动作过程：（1）左腿挺膝直立，右腿屈膝上提，脚面绷直；同时，右手持剑收抱于胸前，手心向内，剑尖向上；左手剑指合抱附于右腕处；目视剑身。

（2）接上动，上体右转，右脚向右前方落步成右弓步；同时，右手持剑下落使剑尖斜向左下方，再随弓步向右前上方直臂反崩，手心向上；左手剑指经右肩处向左后方内旋分展，手背向下；目视剑尖。

动作要点：上下同时完成，臂与剑呈一直线；崩剑力达剑身前段。

弓步 036
传统术语：抱剑刺喉。
现代术语：弓步上刺。
源流：武当剑单剑套路第十二式。
技法：刺。

动作过程：（1）左脚向后撤步，双腿微屈膝下蹲成右高虚步；同时，右前臂内旋使手心翻转向下并压剑回收至右胯旁；左手剑指向左胯旁分按，手心向下；目视前下方。

（2）接上动，右脚向前方上步成右弓步；同时，右手持剑向前上方立剑直刺；左手剑指附于右腕处；目视剑尖。

动作要点：动作协调配合，前后转换虚实分明；臂与剑身呈一直线；刺剑力达剑尖。

弓步 037

传统术语：黄龙转身。

现代术语：转身弓步下刺。

源流：武当剑单剑套路第十一式。

技法：崩、刺。

动作过程：（1）上体右转，左脚向右脚前上步，脚尖内扣；右手持剑坐腕上崩；左手剑指附在右腕处；目视剑尖。

（2）上动不停，以左脚掌为轴使上体右后回转，右腿屈膝上提向右前方上步成右弓步；同时，右手持剑使剑身呈立圆环绕一周并经腹前向右前下方直刺，手心向上；左手剑指仍附于右腕处；目视剑尖。

动作要点：身械协调配合，立圆贴身环绕，臂与剑身呈一直线；刺剑力达剑尖。

弓步 038
传统术语：巧女纫针。
现代术语：弓步刺剑。
源流：武当剑单剑套路第十三式。
技法：刺。

动作过程： 左脚向左后方撤步，身体左转成左弓步；同时，右手持剑经右腰间向前直刺；左手剑指前引并随刺剑屈收附于右腕处；目视前方。

动作要点： 臂与剑身呈一直线；刺剑力达剑尖。

弓步 039

传统术语：朝天一炷香。

现代术语：弓步抱剑。

源流：武当剑单剑套路第十七式。

技法：带、抹。

动作过程：（1）左脚向右脚后插步；同时，右手持剑向右平斩至与肩同高处；左手上架至头上方；目视剑尖。

（2）上体左后回转，重心左移，右脚尖内扣，左腿屈膝成左弓步；同时，双手握剑上体随势向右后仰身涮腰一周，随后收抱至体前左侧，手心向内，剑尖向上；目视前方。

动作要点：涮腰仰身从左向右平绕，以腰为轴，剑随腰带；抹剑力达剑身。

弓步 040

传统术语：怪蟒翻身。

现代术语：转身弓步劈剑。

源流：武当剑单剑套路第六十四式。

技法：腕花、劈。

动作过程：（1）右脚向右前方上步，脚尖外撇；同时，右手持剑经体前自下向上腕花一周；左手剑指随势屈收至右前臂内侧；目视剑尖。

（2）接上动，上体继续右转，左脚向右脚前扣脚上步，随即右腿屈收向右前方落步成右弓步；同时，右手持剑贴身呈立圆经头上方向右下劈剑，高与肩平；左手剑指抡摆上架至头部左上方；目视前方。

动作要点：腕花立圆贴身环绕；劈剑力达剑身。

弓步 041

传统术语：败中取胜。

现代术语：转身弓步下点。

源流：武当剑单剑套路第三十二式。

技法：点。

动作过程：（1）上体左转，右脚向前扣脚上步；同时，右手持剑屈收至右肩侧；左手剑指屈收至右胸前；目视前方。

（2）接上动，上体继续左后回转，左脚向后撤步成右弓步；同时，右手持剑随转体向前下方提腕下点；左手剑指上架于头部上方；目视前下方。

动作要点：立剑提腕，上下协调一致；点剑力达剑尖。

弓步 042

传统术语：力斩青蛇。

现代术语：弓步平劈。

源流：武当剑单剑套路第三十四式。

技法：劈。

动作过程：上体微右转，左脚、右脚依次向前上步成右弓步；同时，右手持剑自下向上呈立圆环绕，经头上方向前平劈，臂同肩高；左手剑指屈收附于右腕处；目视剑尖。

动作要点：以腰为轴，立圆环绕；劈剑力达剑身。

弓步 043

传统术语：敬德拉鞭。

现代术语：上步弓步反截剑。

源流：武当剑单剑套路第三十五式。

技法：截。

动作过程：（1）上体微左转，重心左移；同时，右手持剑上举至与肩同高；左手剑指屈收至右肩部；目视前方。

（2）上体继续左转，重心左移，右脚向左脚前盖步。随即左脚、右脚相继向前连续上三步成左弓步；同时，右手持剑内旋使手心翻转向后，并随上步反截；左手剑指上架于头部左上方；目视剑尖。

动作要点：步法轻灵连贯，以腰带剑；截剑力达剑身前端。

弓步 044

传统术语：凤凰点头。

现代术语：上步弓步点剑。

源流：武当剑单剑套路第四十一式。

技法：点。

动作过程：（1）上体微后仰，左手剑指附于右腕处并随右手剑上举至胸前，剑尖向上；目视斜上方。

（2）重心前移，左脚、右脚依次向前上步成右弓步；同时，右手持剑随上步连续向前下方立剑提腕点击；左手剑指仍附于右腕处；目视剑尖。

动作要点：上下协调配合，立剑提腕下点；力达剑尖。

弓步 045

传统术语：黄龙入海。

现代术语：弓步抡劈。

源流：武当剑单剑套路第六十式。

技法：腕花、劈。

动作过程：（1）右脚向右前方上步，脚尖外撇；同时，右手持剑经身体左侧自下向上腕花一周；左手剑指随势屈收至右前臂内侧；目视剑尖。

（2）接上动，上体继续右转，左脚向右脚前扣脚上步，随即右腿屈收并向右前落步成右弓步；同时，右手持剑翻身抡劈，高与肩平；左手剑指上架至头部左上方；目视前方。

动作要点：以腰带臂，以臂带剑，立圆贴身环绕；臂与剑身呈一直线；劈剑力达剑身。

弓步 046

传统术语：反劈华山。

现代术语：弓步平劈。

源流：武当剑单剑套路第三十式。

技法：劈。

动作过程：右腿提膝向后撤步，左脚尖内扣，右腿屈膝随右后转身成右弓步；同时，右手持剑向上、向后转身抡臂平劈，剑身水平；左手剑指上摆架于头部左上方；目视剑尖。

动作要点：以腰带臂，呈立圆下劈；劈剑力达剑身。

弓步 047

传统术语：鲤鱼翻身。

现代术语：弓步平劈。

源流：武当剑单剑套路第六十二式。

技法：挂、劈。

动作过程：（1）左脚向后撤步，双腿交叉屈膝全蹲成右歇步；同时，右手持剑扣腕抄挂使剑身斜向左上方；左手剑指附于右腕处；目视前方。

（2）上体向右后回转，双脚蹬地上起，左脚向前上步，右脚随转体翻身上步成右弓步；同时，右手持剑随转体抡臂立圆平劈，高与肩平；左手剑指摆至头部左上方；目视剑尖。

动作要点：技法清晰，贴身立圆抄挂；劈剑力达剑身。

弓步 048
传统术语：电光掣挈。
现代术语：弓步斜削。
源流：青萍剑术第一路第五十八式。
技法：点、削。

动作过程：（1）上体左转，右脚向后撤步成左弓步；同时，右手持剑自右向上、向左前下方提腕点剑；左手剑指经身体左侧划弧上架至头部左上方；目视剑尖。
（2）接上动，上体右转，重心右移成右弓步；同时，右手持剑屈收至腹前后随转体向右上方斜削；左手剑指随势屈收附于右腕后上架至头部左上方；目视剑尖。
动作要点：身械协调配合；剑尖略高于头；削剑力达剑刃。

弓步 049

传统术语：胸前挂印。

现代术语：弓步抱剑。

源流：峨眉剑预备式。

技法：抱。

动作过程：（1）右脚向右侧平铺出腿，左腿屈膝全蹲成右仆步；同时，右手剑指沿右大腿内侧向前穿引伸出，拇指一侧向上，剑指向右；左手反握剑柄持剑，使剑身贴靠左前臂外侧，并随右臂穿引向后平展至肩高；目随右剑指而视。

（2）上动不停，身体重心右移，右腿顺势屈膝，左脚向前上步成左弓步；同时，双臂向身前屈肘环抱，左手持剑拇指一侧向下，手心向外，剑尖向左，右手剑指合于剑柄外侧，手心向内；目视左侧前方。

动作要点：抱剑两肘于胸前相合，左手持剑贴于前臂，呈立剑。

弓步 050
传统术语：仙人撩衣。
现代术语：弓步撩剑。
源流：八仙剑第五式。
技法：撩。

动作过程：（1）上体左转，重心前移，左脚向前上步；同时，右手持剑经身体左侧向前、向上立圆撩剑；左手剑指向前上引后立圆划弧至身后；目随剑尖而视。

（2）上动不停，重心后移，左脚向后回收至右脚踝侧，脚尖点地；同时，右手持剑向后屈肘回收至左腰侧；左手剑指同步屈收至右腕处；目随剑尖而视。

（3）上动不停，左脚、右脚依次向前上步成右弓步；同时，右手持剑经体右侧立圆划弧一周后自下向前上方弧形撩击；左手剑指上摆至头上方；目视前方。

动作要点：步法轻巧连贯，以腰带臂，贴身立圆环绕；撩剑力达剑身前段。

弓步 051
传统术语：裁截昆仑。
现代术语：弓步劈剑。
源流：峨眉剑第二段第六式。
技法：劈。

动作过程：（1）上体微右转，左腿独立支撑，右腿屈膝上提；同时，右手持剑由下至上腕花一周后收至右腰侧；左手剑指附于右腕处；目视右前方。

（2）上体回正，右脚向后撤步成左弓步；同时，右手持剑向前下劈；左手剑指上架于头部左上方；目视前方。

动作要点：左肩与右胯相合；身械协调，上下同步；劈剑力达剑身。

弓步 052
传统术语：农夫劈柴。
现代术语：弓步右劈剑。
源流：青萍剑术第六路第三十五式。
技法：劈。

动作过程： 上体前俯，重心下沉，左脚后撤，双腿屈膝后上体微右转，右脚向后撤步成左弓步；同时，双臂相合，右手持剑向下抄挂，臂内旋使剑身经面前向上、向右前方立剑下劈；左手剑指经身体左侧上架于头部左上方；目视前方。
动作要点： 立圆贴身，与撤步协调配合；劈剑力达剑身。

弓步 053

传统术语：战剑出鞘。

现代术语：弓步刺剑。

源流：青萍剑术第一路第十六式。

技法：刺。

动作过程：（1）上体微前倾，右腿直立，左腿屈膝提起；同时，右手持剑屈收至右腰侧；左手剑指上摆至与肩同高；目视右手方向。

（2）上动不停，重心前移，左脚向前落步成左弓步；同时，右手持剑经腰间向前直刺，臂同肩高；左手剑指上架于头部左上方；目视前方。

动作要点：上下肢协调同步，臂与剑身呈一直线；刺剑力达剑尖。

弓步 054

传统术语：白蛇吐信。

现代术语：撤步弓步反刺。

源流：武当剑单剑套路第五十七式。

技法：刺。

动作过程：（1）左脚向前摆脚上步，接着右脚再向前上步，脚尖内扣；同时，右手持剑屈肘回收至肩上耳侧；左手剑指摆举至头部左前上方，手心向上；目随剑指而视。

（2）上动不停，上体向左后回转，重心下沉，左脚向后撤步成右弓步；同时，右手持剑经耳侧向前下方反刺，拇指一侧朝下；左手剑指上架撑于头部左上方；目视剑尖。

动作要点：步法连贯，与上肢协调配合，臂与剑身呈一斜下直线；刺剑力达剑尖。

弓步 055

传统术语：顺手贯耳。

现代术语：弓步崩剑（一）。

源流：武当剑单剑套路第四十六式。

技法：抱、崩。

动作过程： 上体右转，右腿屈膝上提，接着向右前方落步成右弓步；同时，右手持剑抱于胸前，随后向右前方自下向上立剑抖腕崩击；左手剑指经右手处向左后分展，掌心向上；目视右前方。

动作要点： 身械协调配合，臂与剑呈一直线；崩剑力达剑身前段。

弓步 056
传统术语：毒蝎反尾。
现代术语：弓步崩剑（二）。
源流：青萍剑术第一路第四十三式。
技法：崩。

动作过程：右脚向右前方上步成右弓步；同时，右手持剑经面前弧形下摆至腹前向右前方抖腕崩剑；左手剑指经体前右前臂内侧向左上方弧形上架；目视右前方。

动作要点：贴身呈立圆划弧，立剑抖腕；崩剑力达剑尖。

弓步 057

传统术语：引线穿针。

现代术语：腕花回拉弓步直刺。

源流：峨眉剑第五段第一式。

技法：剪腕花、刺。

动作过程： 上体右转，右腿屈膝上提，接着向右前方落步成右弓步；同时，右手持剑使剑尖自下向上做腕花一周后收至右腰侧，随即向前平伸直刺；左手剑指屈收附于右前臂内侧；目视剑尖方向。

动作要点： 立圆划弧，手腕灵活；臂与剑身呈一直线；刺剑力达剑尖。

弓步 058

传统术语：泰山压顶。

现代术语：翻身弓步劈剑。

源流：盘龙剑（工剑体）第三段第三式。

技法：劈。

动作过程： 左脚向右脚后插步，上体向左后转身，重心左移成左弓步；同时，右手持剑摆举至右肩侧，再随翻身立圆划弧一周后向左前方下劈；左手剑指上架于头部左上方；目视前方。

动作要点： 翻腰后仰，立圆划弧，以腰带臂，以臂带剑，连贯顺达；劈剑力达剑身前段。

弓步 059

传统术语：猛虎掉尾。

现代术语：挂剑转身弓步直刺。

源流：盘龙剑第一段第八式。

技法：刺。

动作过程：上体右后回转，双臂向体后预摆使剑尖朝下，随即以左脚掌为轴蹍地，右脚向前上步成右弓步；同时，右手持剑向前上方抄挂屈收至胸前，再随右腿前弓向前直刺；左手剑指屈收至右腕处向后分展，拇指一侧向上；目视剑尖方向。

动作要点：上下肢同步协调；臂与剑身呈一直线；刺剑力达剑尖。

1.2 马步

马步 001
传统术语：定南金针。
现代术语：马步崩剑。
源流：青萍剑术第六路第三十一式。
技法：点、崩。

动作过程：（1）右腿独立支撑，左腿屈膝上提，脚面绷直；同时，右手持剑向右提腕下点；左手剑指屈肘上架于头部左上方；目视剑尖方向。

（2）接上动，左脚向左后方落步，双腿屈膝成马步；同时，右手持剑坐腕下沉，使剑尖向上崩击；目视右前方。

动作要点：立剑坐腕；力达剑尖。

马步 002

传统术语：凤凰趯窝。

现代术语：平刺腾空转身半马步抱剑。

源流：武当剑单剑套路第五十六式。

技法：刺、抱。

动作过程：左脚向左前方上步后蹬地起跳，使身体腾空并向左旋转一周；右手持剑经腰间向前直刺后扣腕抱剑于体前，手心向下，剑尖向左下方；左手剑指前引并附于右肩前；目随剑而视。随即双脚落地，双腿屈膝成马步；目视左前方。

动作要点：腾空轻灵，落步稳定；上下协调配合。

马步 003

传统术语：猛虎伏嵎。

现代术语：马步架剑。

源流：青萍剑术第一路第六十二式。

技法：架。

动作过程：身体微向左转，右脚向右开步，屈膝成马步；同时，右手持剑内旋，使剑身横架于额前上方，剑尖向左；左手剑指下按于左膝上方；目视正前方。

动作要点：剑身平行于地面，上举过头；架剑力达剑身。

马步 004

传统术语：回头斩妖。

现代术语：马步平斩剑。

源流：少林拳体系。

技法：斩。

动作过程： 上体右转，右脚向后撤步，双腿屈膝成马步；同时，右手持剑随转体向右后方平斩剑，剑身水平；左手剑指上架于头部左上方；目视剑尖方向。

动作要点： 上下同时完成；臂与剑身呈一直线；斩剑力达剑身。

马步 005

传统术语：古树盘根。

现代术语：马步撩挑剑。

源流：达摩剑第一路第四式。

技法：撩、挑。

动作过程： 上体微左转，右脚向右前方上步，双腿屈膝成马步；同时，右手持剑经身体左侧向上、向左撩带至左腰侧后向右抖腕挑剑，剑尖向上；左手剑指自右肩处向左、向下、向上弧形上架于头部左上方；目视剑身。

动作要点： 剑法准确，立圆贴身；撩剑力达剑身前段。

1.3 仆步

仆步 001

传统术语：卧虎卷尾。

现代术语：仆步崩剑。

源流：青萍剑术第六路第七式。

技法：崩。

动作过程：左脚向左横跨一步，左腿屈膝全蹲成右仆步；同时，右手持剑沉腕使剑尖向前上方崩击；目视右前方。

动作要点：立剑坐腕，上下同步；崩剑力达剑尖。

仆步 002

传统术语：百鸟朝凤。

现代术语：仆步劈斩（一）。

源流：青萍剑术第六路第四十八式。

技法：劈、斩。

动作过程：上体微左转，左脚向左横跨一步，左腿屈膝全蹲成右仆步；同时，右手持剑臂内旋经头部上方向右下方劈斩，剑身平行于地面；左手剑指向左划弧上架于头部左上方；目视右前方。

动作要点：直臂立圆，身械协调一致；力达剑身。

仆步 003

传统术语：走马斩草。

现代术语：仆步劈斩（二）。

源流：青萍剑术第六路第五十三式。

技法：斩、劈。

动作过程：左脚向前上步蹬地起跳腾空并向右转90°，随即双脚落地，左腿屈膝全蹲成右仆步；同时，右手持剑经前向上、向右下劈斩；左手剑指向左上绕行架于头部左上方；目视右前方。

动作要点：衔接紧凑，连贯协调；劈斩剑力达剑身。

仆步 004

传统术语：卧佛式。

源流：武当剑单剑套路第二十一式。

现代术语：仆步刺剑（一）。

技法：拨、按、刺。

动作过程：上体直立，右腿屈膝上提；同时，右手屈肘持剑向左右拨按，剑尖向下；左手剑指附于右腕处，使剑身收抱于体前；目视右下方。随即重心下沉，左腿屈膝全蹲，右脚向右侧平铺出腿成右仆步；右手持剑经体前向右前方直刺；左手剑指向左上方分展，剑指斜向上；目视右前方。

动作要点：支撑稳固，技法清晰；臂与剑身呈一直线；刺剑力达剑尖。

仆步 005

传统术语：蛟龙入海。

源流：武当剑单剑套路第三十三式。

现代术语：仆步刺剑（二）。

技法：抱、刺。

动作过程：（1）左脚向右前方上步，随之右腿屈膝上提，脚尖内扣，脚面绷直；同时，右手持剑收抱于胸前；左手剑指附于右腕处；目视右前方。

（2）接上动，右脚向右前方平铺出腿，左腿屈膝全蹲成右仆步；同时，右手持剑向前直刺；左手剑指向左后上方分展，剑指斜向上；目视剑尖方向。

动作要点：上下动作相随，协调配合；刺剑力达剑尖。

仆步 006

传统术语：怀中抱月。

现代术语：仆步抱剑。

源流：武当剑单剑套路第二十五式。

技法：抱。

动作过程：左脚向左前方上步，左腿屈膝全蹲成右仆步；同时，右手持剑收抱于腹前，剑尖斜向上；左手剑指附于右腕处；目视右前方。

动作要点：身械协调，上下协调一致。

仆步 007

传统术语：金蛇伏地。

现代术语：仆步上崩。

源流：青萍剑术第一路第四十二式。

技法：崩。

动作过程：上体右转，左脚向左前方上步，左腿屈膝全蹲成右仆步；同时，右手持剑坐腕下沉，使剑尖向前上方崩击；左手剑指附于右腕处；目视右前方。

动作要点：立剑坐腕，用力短促，向上崩击；力达剑尖。

仆步 008

传统术语：捉龙刺虎。　　源流：青龙战剑第四段第二式。

现代术语：仆步跃刺。　　技法：刺。

动作过程：（1）右脚向前上步后蹬地跳起落地，左脚再向前上步；随即右膝上提，脚面绷直，脚尖内扣；右手持剑屈肘收抱于左胸前，手心向内，剑尖斜向下；左手剑指附于右腕处；目视剑尖方向。

（2）上动不停，右脚向前落步后平铺伸直，左腿屈膝全蹲成右仆步；同时，右手持剑臂内旋，向右前方直刺；左手剑指向左后上方伸展，剑指斜向上；目视剑尖方向。

动作要点：步法轻巧灵活，重心转换迅速，连贯协调，上下相随；刺剑力达剑尖。

仆步 009

传统术语：银针落地。　　源流：盘龙剑第四段第二式。

现代术语：仆步云剑下压。　　技法：云。

动作过程：左脚向左前方上步，左腿屈膝全蹲成右仆步；同时，上体后仰，右手持剑随转体由左、向后、向右在头部上方平绕一周后屈收下压于右膝前，手心向上，剑尖向右；左手剑指随势附于右腕处；目视右前方。

动作要点：以腰为轴平绕一周，上体后仰，以身带剑，身械协调；云剑力达剑身中部。

仆步 010

传统术语：海底捞月。

现代术语：仆步上斩剑。

源流：峨眉剑第一段第四式。

技法：斩。

动作过程： 重心前移，上体前俯，左脚向前上步成左弓步；同时，右手持剑向前伸引；左手剑指附于右腕处。随即重心后移，右腿屈膝全蹲成左仆步；右手持剑臂内旋由下向右后上方斩剑；左手剑指随势内旋摆于体后，手心向上；目视前方。

动作要点： 步型转换虚实分明，动作干净利落；斩剑力达剑身。

仆步 011

传统术语：饿虎扑羊。

现代术语：仆步下点剑。

源流：达摩剑第二路第五式。

技法：点。

动作过程： 上体直立，左脚向左侧跳步落地，右腿屈膝上提；同时，右手持剑臂内旋经头上方向左下探刺；左手剑指附于右肩处；目视左下方。随即上体右转，右脚向右侧平铺落地成右仆步；右手持剑向右下方立剑提腕下点；左手剑指划弧架于头部左侧；目视剑尖方向。

动作要点： 上下配合，连贯协调；立剑提腕下点，力达剑尖。

仆步 012

传统术语：牧女牵羊。

现代术语：仆步崩剑。

源流：八仙剑第二十一式。

技法：崩。

动作过程：左脚向左前方上步，左腿屈膝全蹲成右仆步；同时，右手持剑外旋腕，使剑尖向右上方立剑坐腕崩击；左手剑指附于右臂内侧；目视右前方。

动作要点：上下肢协调一致；力达剑尖。

仆步 013

传统术语：白蛇伏草。

现代术语：仆步压剑。

源流：武当剑单剑套路第十四式。

技法：压。

动作过程：左脚向后撤步，右腿屈膝全蹲成左仆步；同时，右手持剑以腕为轴，向后、向上、向下压剑于左膝内侧，手心向下，剑尖向前；左手剑指附于右腕处；目视前下方。

动作要点：上下协调一致；力达剑身中部。

仆步 014

传统术语：青山列眉。

现代术语：仆步下劈。

源流：青萍剑术第一路第二十八式。

技法：劈。

动作过程： 左腿独立支撑，右腿屈膝上提；同时，右手持剑上刺；左手剑指下按于左胯旁；目视上方。随即重心下沉，右脚向右侧平铺落地成右仆步；右手持剑由上向下平劈；左手剑指划弧摆至左肩侧；目视右前方。

动作要点： 上下肢协调配合；重心由高到低，连贯快速，节奏分明；力达剑身前端。

仆步 015

传统术语：倾巢探路。

现代术语：仆步刺剑（三）。

源流：武当剑单剑套路第十式。

技法：刺。

动作过程： 左腿独立支撑，右腿屈膝上提；同时，右手持剑以腕为轴在头上方由前向后平绕一周后屈肘收抱于左胸前，剑尖朝右；左手剑指附于右臂内侧；目视前方。随即重心下沉，右腿向右侧平铺落地成右仆步；右手持剑经胸前向右前方平刺；左手剑指向左后上方分展，剑指斜向上；目视右前方。

动作要点： 臂与剑呈一直线；刺剑力达剑尖。

1.4 虚步

虚步 001
传统术语：虎跳拦道。
现代术语：跳虚步拦剑。
源流：查剑昆吾剑第一段。
技法：拦。

动作过程： 左脚蹬地，右脚向前跳步后屈膝半蹲，左脚虚点地成左虚步；同时，右手持剑向右拦举于体前，手心向内，剑尖向上；左手剑指附于右腕处；目视右前方。

动作要点： 身械协调配合；拦剑力达剑身。

虚步 002
传统术语：仙人指路。
现代术语：虚步提剑指手。
源流：查剑昆吾剑第一段。
技法：提。

动作过程： 右腿屈膝半蹲，左脚向前虚点地成左虚步；同时，右手持剑上提至右肩前，手心向内，剑尖斜向下；左手剑指向前伸引，指尖向前，臂与肩高；目视左前方。

动作要点： 支撑稳定，剑身置于右腿内侧。

虚步 003
传统术语：截鹤续凫。
现代术语：跳虚步下截。
源流：查剑昆吾剑第二段。
技法：截。

动作过程：左脚蹬地，右脚原地跳步后屈膝半蹲，左脚向前虚点地成左虚步；同时，右手持剑由右向左前方下截，手心向上，剑尖斜向下；左手剑指附于右腕处；目视前下方。

动作要点：跳步轻巧灵活，重心稳定，两脚虚实分明；截剑力达剑身前部。

虚步 004

传统术语：金鸡啄石。

现代术语：虚步点剑（一）。

源流：青萍剑术第六路第三十六式。

技法：挂、劈、点。

动作过程：（1）上体左转，左脚向后撤步，随即上体后仰翻腰；同时右手持剑屈肘内旋使剑身贴合胸部，再随翻腰呈立圆环绕置于右肩侧，剑尖斜向下；左手剑指置于右肩前；目随左剑指而视。

（2）上动不停，重心前移，左脚、右脚依次向前上步，右腿屈膝半蹲，左脚向前虚点地成左虚步；同时，右手持剑经身体左侧向上、向前下方立剑提腕下点；左手剑指经体前向后摆举至左肩后上方，剑指斜向上；目视前下方。

动作要点：仰身翻腰，上下动作协调配合，连贯圆活；力达剑尖。

虚步 005
传统术语：金鸡点头。
现代术语：虚步点剑（二）。
源流：查剑昆吾剑第二段。
技法：点。

动作过程：（1）左脚向左前方上步，右腿屈收上提；同时，右手持剑立剑收抱于体前，手心向内，剑尖向上；左手剑指附于右腕处；目视前方。
（2）接上动，重心下沉，上体右转，左腿屈膝半蹲，右脚向前虚点地成右虚步；同时，右手持剑向右前方提腕下点；左手剑指仍附于右腕处；目视右前方。

动作要点：重心转换虚实分明；提腕点剑，力达剑尖。

虚步 006

传统术语：凤凰展翅。

现代术语：虚步分剑。

源流：查剑昆吾剑第五段。

技法：分。

动作过程：上体微左转，重心下沉，右腿屈膝半蹲，左脚向前虚点地成左虚步；同时，右手持剑向左平带后内旋向右分剑置于右腰侧，手心向下，剑尖斜向上；左手剑指向左分展于左腰侧；目视前方。

动作要点：剑身随转体外旋平带，内旋分剑，双臂分展，劲力顺达。

虚步 007

传统术语：剑目临风。

现代术语：虚步亮指。

源流：查剑昆吾剑第六段。

技法：持。

动作过程：上体微左转，重心下沉，右腿屈膝半蹲，左脚向前虚点地成左虚步；同时，右手剑指上架于头部上方；左手反握剑柄持剑，剑身立于身体左后方，剑尖向上；目视左前方。

动作要点：动作上下相随，协调配合。

虚步 008

传统术语：姹女挥扇。

现代术语：虚步提剑。

源流：青萍剑术第六路第十九式。

技法：提。

动作过程：上体微左转，重心下沉向右转正，右腿屈膝半蹲，左脚向前虚点地成左虚步；右手持剑向左上平带至左胸前，随后内旋向右上提至头部右侧，手心向外，剑尖斜向下；左手剑指向左分展于身体左侧；目视前方。

动作要点：弧形提起，高与头平。

虚步 009

传统术语：引人入胜。

现代术语：撤步虚步下劈。

源流：青萍剑术第六路第二十二式。

技法：撩、劈。

动作过程：上体左转，左脚向后撤步，左腿屈膝半蹲，右脚向前虚点地成右虚步；同时，右手持剑经体右侧由后向上、向前下劈剑；左手剑指随势附于右腕处；目视前下方。

动作要点：以腰带臂，以臂带剑，立剑劈击，力达剑身。

虚步 010

传统术语：双星捧月。

现代术语：虚步抹剑。

源流：青萍剑术第六路第二十三式。

技法：抹。

动作过程：右脚向右前方上步后屈膝半蹲，左脚向前虚点地成左虚步；同时，右手持剑向右前方平抹屈收至左腰侧；左手剑指附于右腕处；目视右前方。

动作要点：平剑由前向左弧形抽带，高度在胸腹之间；抹剑力达剑身。

虚步 011

传统术语：偏步挂冠。

现代术语：虚步下劈。

源流：青萍剑术第六路第二十四式。

技法：撩、按、劈。

动作过程：上体右转后仰身，左腿独立支撑，右腿直腿上摆，脚尖绷直；同时，右手持剑经体前上撩挑至脑后；左手剑指附于右肩处。随即左腿屈膝半蹲，右脚向前虚点地成右虚步；右手持剑立剑下劈；左手剑指附于右腕处；目视前下方。

动作要点：上下肢协调一致；技法连贯清晰；力达剑身前段。

虚步 012

传统术语：转矩斩蛇。

现代术语：转身虚步下截。

源流：查剑昆吾剑第二段。

技法：抹、截。

动作过程： 右腿屈膝半蹲，左脚向左前方虚点地成左虚步；同时，右手持剑向斜下方截击，手心向上，剑尖斜向下；左手剑指附于右腕处；目视左下方。

动作要点： 双脚虚实分明；截剑力达剑身前段。

虚步 013

传统术语：香风吹柳。

现代术语：转身虚步点剑。

源流：青萍剑术第六路第四十式。

技法：挂、点。

动作过程： 右脚向左后方插步；同时，右手持剑经体前向下抄挂；左手剑指附于右腕处。随即上体仰身翻腰后重心下沉，左腿屈膝半蹲，右脚向前虚点地成右虚步；右手持剑随转体成立圆向右下方提腕点击；左手剑指向后弧形摆架于头部左上方；目视右前下方。

动作要点： 动作舒展，立圆扣腕，协调一致；点剑力达剑尖。

虚步 014
传统术语：画地为牢。
现代术语：转身虚步下截剑。
源流：青萍剑术第六路第四十一式。
技法：截。

动作过程：（1）上体微前倾，右脚向后撤步，随即上体右转；同时右手持剑向前伸引并随转体向右后弧行平带至右膝上方；左手剑指附于右腕处；目随剑而视。

（2）上动不停，重心右移，左脚向右脚前扣脚上步，随即上体右转，左腿屈膝半蹲，右脚向前虚点地成右虚步；同时，右手持剑随转体由右下截至体前；左手剑指上架于头部左后方；目视前方。

动作要点：重心平衡稳定，转换虚实分明；截剑力达剑身前段。

虚步 015

传统术语：青龙回首。

现代术语：虚步下截（一）。

源流：青萍剑术第一路第三十九式。

技法：截。

动作过程： 左脚向前上步，上体微左转；同时，右手持剑由左上方直臂摆举至左肩后，手心向下，剑尖斜向上；左手剑指下落置于体后。随即重心前移，上体右转，左腿屈膝半蹲，右脚向右前方虚点地成右虚步；同时，右手持剑经体前由左上向右下截击；左手剑指上架于头部左上方；目视右前下方。

动作要点： 转身干脆利落，协调配合，同时到位；截剑力达剑身前段。

虚步 016
传统术语：扫地金波。
现代术语：虚步下截（二）。
源流：青萍剑术第一路第三式。
技法：削、截。

动作过程： 右脚向前上步；同时，右手持剑由右上方直臂摆举至右肩后，剑尖斜向上；左手剑指附于右肩处。随即重心右移，上体左转，右腿屈膝半蹲，左脚向左前方虚点地成左虚步；右手持剑随转体由右上向左下直臂截击；左手剑指上架于头部左上方；目视左前下方。

动作要点： 以腰带臂，以臂带剑，转身上举，蓄力下截；截剑力达剑身前段。

虚步 017

传统术语：横扫千军。

现代术语：转身虚步上截。

源流：青萍剑术第一路第四式。

技法：截。

动作过程：上体微左转，左脚向前扣脚上步；同时，右手持剑向左下平带至身体左后方，剑尖斜向下；左手剑指附于右前臂内侧。随即重心前移，上体右转，左腿屈膝半蹲，右脚向右前虚点地成右虚步；同时，右手持剑随转体由左下向右上直臂截击，剑身斜向上；左手剑指架于头部左上方；目视右前上方。

动作要点：身械协调配合，剑臂呈一斜上直线；截剑力达剑身前段。

虚步 018

传统术语：拨草寻蛇。　　源流：青萍剑术第一路第六式。

现代术语：转身虚步横扫。　　技法：截、扫。

动作过程：左脚向右脚前扣脚上步，上体向右后回转，左腿屈膝半蹲，右脚虚点地成右虚步；同时，右手持剑经体前向右下平扫半周，手心向上，剑尖斜向下；左手剑指上架于头部左上方；目视右前方。

动作要点：以腰带臂，臂与剑呈一直线；力达剑前端右侧刃。

虚步 019

传统术语：野马跳槽。　　源流：青萍剑术第一路第十三式。

现代术语：前跳虚步横崩。　　技法：崩、点。

动作过程：右脚蹬地发力，左脚向前跳步后屈膝半蹲，右脚向前虚点地成右虚步；同时，右手持剑坐腕下沉，使剑尖上崩；左手剑指平举于左肩侧；目视前方。

动作要点：跳步轻巧灵活；立剑坐腕，提腕下点，力达剑尖。

虚步 020

传统术语：丹凤舒翼。

现代术语：虚步横崩（一）。

源流：青萍剑术第一路第二十一式。

技法：带、崩。

动作过程：上体向左后回转，左脚、右脚随转体以弧形步连上三步，左腿屈膝半蹲，右脚向前虚点地成右虚步；同时，右手持剑向拇指侧屈腕使剑尖向上崩击，剑尖向上；左手剑指于体侧坐腕下沉，剑指向上；目视前方。

动作要点：脚下步法轻灵，重心平稳；崩剑力达剑尖。

虚步 021

传统术语：鹦鹉啄粒。

现代术语：虚步横崩（二）。

源流：青萍剑术第一路第三十五式。

技法：崩。

动作过程：左脚向后撤步，左腿屈膝半蹲，右脚向前虚点地成右虚步；同时，右手持剑坐腕下沉崩剑于体右侧；左手剑指向前摆举后向身体左侧分展坐腕；目视前方。

动作要点：上下协调一致，坐腕上崩；力达剑尖。

虚步 022

传统术语：犀牛点头。

现代术语：虚步下点。

源流：青萍剑术第一路第三十七式。

技法：点。

动作过程： 重心上提，右脚向前跳步后屈膝半蹲，左脚向前虚点地成左虚步；同时，右手持剑经身体左侧向上、向右前方提腕下点；左手剑指摆架于头部左上方；目视剑尖方向。

动作要点： 上下协调配合；立剑提腕下点；力达剑尖。

虚步 023

传统术语：渔郎问津。

现代术语：跳虚步点剑。

源流：青萍剑术第一路第三十六式。

技法：挂、点。

动作过程： 上体微右转；右手持剑向右后方摆剑，剑尖斜向下；左手剑指附于右肩处。随即上体左转，右脚、左脚依次向左前方上步，左腿屈膝半蹲，右脚向前虚点地成右虚步；同时，右手持剑随转体经头部上方向右前方提腕下点；左手剑指上架于头部左上方；目视右前下方。

动作要点： 跃步轻灵，连贯紧凑；点剑力达剑尖。

虚步 024
传统术语：拗步埋伏。
现代术语：虚步抱剑。
源流：青萍剑术第一路第四十七式。
技法：点、抱。

动作过程：（1）上体右转，右脚向右前方上步；同时，右手持剑经体前向右后方提腕下点，臂高于肩，剑尖斜向下；左手剑指屈收附于右肩处；目视剑尖方向。

（2）接上动，重心前移，左脚向前扣脚上步后屈膝半蹲，右脚向前虚点地成右虚步；同时，右手持剑臂外旋，使剑身抱于腹前，手心向上，剑尖斜向上；左手剑指仍附于右肩处；目视剑尖方向。

动作要点：动作衔接自然，协调配合；立剑提腕下点，力达剑尖。

虚步 025

传统术语：拨雾寻幽。

现代术语：虚步截剑。

源流：青萍剑术第一路第五十五式。

技法：带、截。

动作过程： 上体左转，左脚向后撤步，随即重心下沉，左腿屈膝半蹲，右脚虚点地成右虚步；同时，右手持剑外旋腕使剑把经面前向左、向下带剑，再向右上方划弧反截，剑尖斜向上；左手剑指向左上方弧形撑架于头部左侧；目视剑尖方向。

动作要点： 旋腕立圆反截，贴近身体；力达剑身前段外侧刃。

虚步 026

传统术语：墨燕点水。

源流：青萍剑术第一路第五式。

现代术语：跃步虚步下点。

技法：劈、崩、点。

动作过程： 右脚向左前方上步蹬地发力，左脚向左前方跃步腾起后落地屈膝半蹲，右脚向左前方虚点地成右虚步；同时，右手持剑先屈肘收抱于胸前，再随虚步向前下点剑，臂略高于肩，剑尖斜向下；左手剑指架于头部左上方；目视剑尖方向。

动作要点： 跃步轻灵，落步稳定，重心由高至低，连贯快速，节奏分明；点剑力达剑尖。

虚步 027

传统术语：出势跨虎。

源流：盘龙剑预备式。

现代术语：虚步持剑前指。

技法：持。

动作过程： 右脚向右侧横跨一步；同时，重心右移，右手剑指经左肩前向右水平划弧并屈肘收带至右腰间；左手反握剑柄持剑同步收带至右腰侧。随即右腿屈膝半蹲，左脚向前虚点地成左虚步；右手剑指经右腰间向右前方平伸指出；左手反握剑置于身体左后方，剑身竖直；目视右前方。

动作要点： 剑刃不能触及前臂；力达指尖。

虚步 028

传统术语：罗汉抱柴。

源流：少林拳体系。

现代术语：虚步腕花撩剑。

技法：剪腕花、撩。

动作过程：右脚向右前方上步后屈膝半蹲，左脚向左前方虚点地成左虚步；同时，右手持剑经体前以腕为轴，使剑尖向右、向下、向左上方立圆做腕花撩击，手心向右，剑尖斜向上；左手剑指随势附于右腕处；目视剑尖方向。

动作要点：手腕松活，立剑贴身，立圆环绕；撩剑力达剑身前段。

虚步 029

传统术语：袖藏青蛇。

源流：盘龙剑预备式。

现代术语：虚步抱剑。

技法：抱。

动作过程：上体直立，左手反握剑柄持剑，右手剑指，双臂同时向两侧平伸指出；目视剑指方向。随即重心下沉，右腿屈膝半蹲，左脚向左前方虚点地成左虚步；双臂随之屈收抱剑于胸前，左手反持剑，手心向外，剑身水平，右手剑指附于剑柄外侧，手心向内，剑指向左；目视左前方。

动作要点：上下协调一致。

虚步 030

传统术语：狸猫扑鼠。　　源流：查剑昆吾剑第四段。

现代术语：虚步伏身下刺。　　技法：刺。

动作过程：上体微左转，重心上提，双脚提踵；同时，右手持剑上提至右胸侧。随即重心下沉，右腿屈膝半蹲，左脚向左前方虚点地成左虚步；右手持剑经右胸侧向左前下方平伸下刺，手心向下，剑尖斜向左下方；左手剑指附于右腕处；目视剑尖方向。

动作要点：重心由高至低；臂与剑身呈一直线；提剑下刺，力达剑尖。

虚步 031

传统术语：飞龙出海。　　源流：少林拳体系。

现代术语：抛接剑虚步架指。　　技法：持。

动作过程：上体微左转，左脚向左侧移步后右腿屈膝半蹲，左脚向左前方虚点地成左虚步；同时，右手持剑由下向左上方抛剑，使剑身在空中立圆转动半周后左手接握剑柄，随左臂后摆置于身体左后方，剑尖向上，右手变剑指向上撑架于头部右上方；目视左前方。

动作要点：抛剑立圆，接握剑柄；动作连贯，协调配合。

虚步 032

传统术语：迎风挥扇。

现代术语：虚步撩剑。

源流：青萍剑术第一路第一式。

技法：撩。

动作过程： 上体微前倾，重心下沉，左腿屈膝半蹲，右脚向前虚点地成右虚步；同时，右手持剑臂内旋，使剑身经身体左侧向下、向右上方划弧反撩，手心向外，剑尖斜向上；左手剑指随势撑架于左肩侧；目视剑尖方向。

动作要点： 贴身立圆反撩；力达剑身前段。

1.5 歇步（坐盘）

歇步 001
传统术语：抱枝拾叶。
现代术语：歇步托剑。
源流：查剑昆吾剑第一段第十式。
技法：抱、托。

动作过程： 上体微前倾，右脚、左脚依次向后撤步，双腿交叉屈膝全蹲成右歇步；同时，双手分别向身体两侧分展，再臂外旋使剑身平抱合于体前，右手掌心向上，剑身水平，左手剑指附于右腕处，掌心向下；目视前方。

动作要点： 上下肢动作配合协调；歇步臀部贴坐脚跟处。

歇步 002

传统术语：云鸿振羽。

源流：青萍剑术第一路第三十一式。

现代术语：歇步撩剑。

技法：撩。

动作过程：上体微左转，左脚向右脚后插步，双腿交叉屈膝全蹲成右歇步；同时，右手持剑先向左上方摆臂至肩高，随后贴身向下、向右后上方立圆反撩，拇指一侧朝下，剑尖斜向上；左手剑指屈肘撑架于头部左侧；目视剑尖方向。

动作要点：以腰带臂，以臂带剑，立圆贴身反撩；力达剑身前段。

歇步 003

传统术语：碧竹扫叶。

源流：青萍剑术第一路第五十式。

现代术语：歇步截剑。

技法：架、截。

动作过程：上体微左转，左脚向右脚后插步，双腿交叉屈膝全蹲成右歇步；同时，右手持剑先向左划带至体前左下方，后随歇步向右下方直臂截击；左手剑指经右前臂内侧屈肘撑架于头部左上方；目视剑尖方向。

动作要点：上体微右转拧合，上下相随；截剑力达剑身前段。

歇步 004

传统术语：老牛耕地。

现代术语：歇步压剑。

源流：青萍剑术第一路第二十式。

技法：刺、压。

动作过程：（1）上体微左转，右脚向右前方上步；同时，右手持剑经头上方向左、向上立剑反刺，剑尖斜向上；左手剑指附于右上臂内侧；目视剑尖方向。

（2）接上动，重心右移，左脚向右脚后插步，双腿交叉屈膝全蹲成右歇步；同时，双手分按于体侧，手心向下，剑身水平，剑指向前；目视前方。

动作要点：上下协调配合；压剑力达剑身。

歇步 005
传统术语：戏水游龙。
现代术语：歇步后穿剑。
源流：扬眉剑第五段第二式。
技法：穿。

动作过程： 上体微左转后向右拧合，左脚向右脚后插步，双腿交叉屈膝全蹲成右歇步；同时，右手持剑经身体右侧直臂上摆，随即右腕内扣使剑尖下落回收，经右腿外侧向右下方穿出，拇指一侧朝下，剑尖斜向下；左手剑指经体前向左上方穿伸，手心向前，剑指向上；目视剑尖方向。

动作要点： 重心由高至低，连贯快速；身械协调，上下肢动作同时到位；穿剑力达剑尖。

歇步 006
传统术语：渔人撒网。
现代术语：撤步歇步扫剑。
源流：青龙战剑第九段第五式。
技法：扫。

动作过程：（1）上体左倾，右脚向右后撤步；同时，右手持剑经身体右侧向左上方穿刺；左手剑指附于右腕处；目视左前下方。
（2）接上动，重心右移，上体右转后仰身涮腰；右手持剑随转体向右、向后、向左、向前平云一周至体前；左手剑指随剑分展后附于右腕处。
（3）重心继续右移，左脚向右脚后插步，双腿交叉屈膝全蹲成右歇步；同时，右手持剑经体前向右下扫带至体右侧；左手剑指随势上摆置于头部左上方，剑指斜向上；目视剑尖方向。
动作要点：以腰带臂，以臂带剑，上下相随，协调配合；扫剑力达剑身。

歇步 007

传统术语：金蛇伏穴。

现代术语：歇步下截。

源流：盘龙剑第一段第七式。

技法：截。

动作过程： 上体微左转后向右拧合，右脚、左脚依次向右前方上步，双腿交叉屈膝全蹲成右歇步；同时，右手持剑经体前直臂上摆至左前上方，随转体向右斜下方截剑；左手剑指附于右肩处；目视剑尖方向。

动作要点： 动作连贯顺达，上下协调一致；截剑力达剑身前段。

歇步 008

传统术语：海底寻珠。

现代术语：转身歇步刺剑。

源流：青龙战剑第六段第一式。

技法：刺。

动作过程：（1）上体右转，左脚向左后撤步，随即左腿独立支撑，右腿屈膝上提；右手持剑向前平扫，随后屈肘回收至右腰间；左手剑指向左侧分展后收于左腰侧；目视前下方。

（2）接上动，重心前移，右脚向前落步，双腿交叉屈膝全蹲成右歇步；同时，右手持剑经腰间向前平伸直刺；左手剑指向后分展置于头部左后方；目视剑尖方向。

动作要点：臂与剑呈一直线，放长击远；刺剑力达剑尖。

歇步 009
传统术语：怀抱琵琶。
现代术语：抄挂歇步抱剑。
源流：盘龙剑第三段第八式。
技法：抱。

动作过程： 上体左转，左脚向左侧平铺出腿后重心左移，右脚向左前盖步，双腿交叉屈膝全蹲成右歇步；同时，右手持剑沿左大腿内侧向前立剑抄挂，扣腕上挑屈肘收抱于胸前，掌心向内，剑尖向右；左手剑指随势向前穿伸并上架于头部左上方；目随剑而视。

动作要点： 立剑贴身，重心转换平稳；抱剑与胸口齐平。

歇步 010

传统术语：野兔回巢　　源流：螳螂剑第三段第二式。

现代术语：翻身抄挂歇步下刺。　　技法：抄、挂、刺。

动作过程：左脚向后撤步，随即上体向左后立圆翻身，双腿交叉屈膝全蹲成左歇步；同时，右手持剑随转体立剑抄挂一周后向前下方刺击；左手剑指附于右腕处；目视剑尖方向。

动作要点：以腰带臂，贴身立圆；重心稳定，上下协调，动作连贯；刺剑力达剑尖。

歇步 011

传统术语：凤凰叠翅。　　源流：青萍剑术第六路第三十八式。

现代术语：歇步抱剑。　　技法：抹

动作过程：上体微右转拧合，右脚、左脚依次向右前方上步，双腿交叉屈膝全蹲成右歇步；同时，右手持剑经面前扣腕向右反压，屈肘收抱于胸前，手心向内，剑尖向右；左手剑指附于剑柄处；目视剑尖方向。

动作要点：上下肢协调一致；力达剑身。

坐盘 012
传统术语：盘弓射雁。
现代术语：坐盘反撩。
源流：盘龙剑第四段第五式。
技法：撩。

动作过程： 上体右转，右脚向后撤步，双腿交叉屈膝下坐成坐盘；同时，右手持剑经体前向下、向右后上方立圆反撩，拇指一侧向下，剑尖斜向上；左手剑指屈肘横架于头部左侧；目视剑尖方向。

动作要点： 转身重心稳定，动作连贯；撩剑力达剑身前段。

坐盘 013

传统术语：犀牛望月。

现代术语：腕花坐盘反撩。

源流：峨眉剑第三段第六式。

技法：撩。

动作过程： 上体右转，右脚向后撤步，双腿交叉屈膝下坐成坐盘；同时，右手持剑以腕为轴向下、向后、向上做腕花一周，随坐盘向右后上方贴身立圆弧形反撩；左手剑指屈肘横架于头部左侧；目视剑尖方向。

动作要点： 握剑松活，以腕为轴，上下协调配合；撩剑力达剑身前段。

坐盘 014

传统术语：老马卧槽。

现代术语：腕花翻身坐盘斜下刺。

源流：峨眉剑第三段第七式。

技法：刺。

动作过程： 左脚、右脚依次向前上步，上体左转后翻身一周，双腿交叉屈膝下坐成坐盘；同时，右手持剑以腕为轴向右、向下、向前做腕花后随转体直臂抡摆，屈肘收至右腰间后向前下方直刺；左手剑指随势抡臂一周后附于右腕处；目视剑尖方向。

动作要点： 翻身以腰带臂，以臂带剑，立圆贴身，上下配合，连贯圆活；刺剑力达剑尖。

坐盘 015

传统术语：指星望月。

现代术语：云剑接坐盘反撩。

源流：八仙剑第三十九式。

技法：撩。

动作过程： 上体微右转拧合，左脚向右脚后插步，双腿交叉屈膝下坐成坐盘；同时，右手持剑以腕为轴，经头上方由前向后沿逆时针方向平云一周，下落收至胸前，随后向下、向右上方立剑贴身反撩；左手剑指随势附于右肩处；目视剑尖方向。

动作要点： 手腕松活，以身带剑，身械协调；撩剑力达剑身前段。

坐盘 016

传统术语：长桥卧波。

现代术语：云剑转身坐盘上刺。

源流：武当剑第六路第十六式。

技法：刺。

动作过程： 左脚、右脚依次向左侧上步，上体左后回转，随转体双腿交叉屈膝下坐成坐盘；同时，右手持剑以腕为轴，经头上方由前向后沿顺时针方向平云一周，下落收至腹前，随后向左前上方立剑探刺；左手剑指随势附于右腕处；目视剑尖方向。

动作要点： 动作衔接连贯，劲力顺达；刺剑力达剑尖。

1.6 并步

并步 001

传统术语：双凫一雁。

现代术语：并步按剑。

源流：查剑昆吾剑第一段。

技法：按。

动作过程： 上体直立，双腿伸直并拢，全脚着地成并步；双臂前举至胸前后下按分于体两侧胯旁，手心均向下，剑尖向左；目视左侧。

动作要点： 下按时力达剑身，顺势向左摆头。

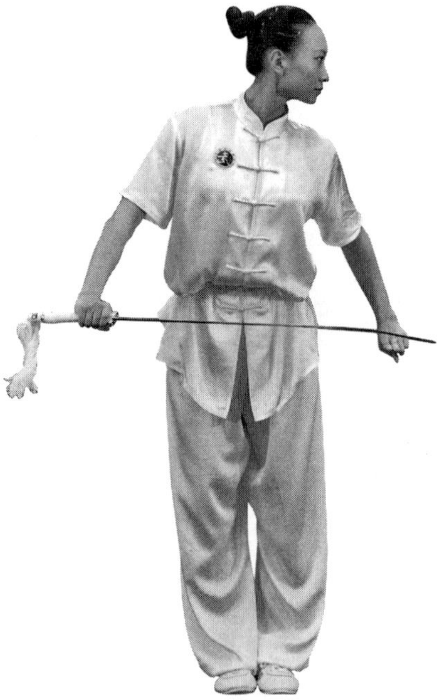

并步 002

传统术语：白鹅展翅。

现代术语：并步平带。

源流：青萍剑术第一路第三十二式。

技法：刺、带。

动作过程：上体直立，左脚向后撤步；同时，双臂向前平带合于体前，腕与肩高；目视前下方。随即重心后移，右脚向后并步直立；双手分别向体两侧水平分展；目视前方。

动作要点：上下肢协调一致；剑与肩水平。

并步 003

传统术语：苍龙探爪。

现代术语：并步平斩。

源流：青萍剑术第一路第五十三式。

技法：斩。

动作过程：并步直立，上体微后仰；右手持剑外旋，使剑身经身体右侧由后向前平剑斩击，手心向上，剑尖向前；左手剑指附于右腕处；目视前方。

动作要点：平剑斩击，上下协调一致；斩剑力达剑身。

并步 004

传统术语：蛱蝶穿花。

现代术语：并步平穿。

源流：青萍剑术第一路第五十四式。

技法：穿。

动作过程：双脚依次向左前方上步成并步直立；同时，右手持剑经腰间向前连续穿剑，掌心向上，剑身水平；左手剑指附于右腕处；目视剑尖方向。

动作要点：动作连贯，步法轻灵；剑身水平前送；穿剑力达剑尖。

并步 005

传统术语：灵芝献瑞。

现代术语：并步抱剑。

源流：武当剑第二路第十七式。

技法：抱。

动作过程：并步直立；右手持剑经身体右侧向前抱于胸前，手心向内，剑尖向上；左手剑指随势附于右腕处；目视前方。

动作要点：剑身垂直于地面；并步双腿直立，虚领顶劲。

并步 006

传统术语：童子拜佛。　　源流：螳螂剑第一段第十一式。

现代术语：并步点剑。　　技法：点。

动作过程：上体左转，左脚向前上步，右脚跟进成并步直立；同时，右手持剑经右腰间向前提腕下点；左手剑指附于右前臂内侧；目视剑尖方向。

动作要点：上下相随，协调配合；立剑提腕下点，力达剑尖。

并步 007

传统术语：霸王举旗。　　源流：少林竞赛剑第四段第二式。

现代术语：并步架剑。　　技法：架。

动作过程：（1）右脚向右前方上步；同时，右手持剑屈收至腹前，掌心向上，剑尖向左；左手剑指屈肘附于右肩侧；目视前下方。

（2）重心右移，左脚跟进成并步直立；右手持剑内旋腕，使剑身经体前向上架于头部上方，剑身水平，剑尖向左；左手剑指向左侧伸展，剑指向上；目视左前方。

动作要点：上下同时完成；架剑力达剑身。

并步 008

传统术语：金针指南。

现代术语：并步前刺。

源流：扬眉剑第一段第一式。

技法：刺。

动作过程：上体左转，双脚依次向前上步成并步直立；同时，右手持剑经腰间向前直刺；左手剑指前引后屈肘收于右前臂内侧；目视剑尖方向。

动作要点：立身中正，上下协调；刺剑力达剑尖。

并步 009

传统术语：巨蝎反尾。

现代术语：并步上刺剑。

源流：武当剑第五段第六式。

技法：刺。

动作过程：上体左后回转，左脚随转体摆脚上步，脚掌碾地，右脚随势扣脚上步成并步；同时，右手持剑经头上方向下抄挂至右腰间，随并步向前上方直刺；左手剑指向上屈收附于右肩处；目视剑尖方向。

动作要点：转身重心平稳过渡，立圆贴身，动作连贯紧凑，上下协调。

并步 010

传统术语：力劈华山。

现代术语：并步下劈。

源流：青萍剑术第一路第三十式。

技法：劈。

动作过程： 上体直立，双脚依次向右前方上步成并步；同时，右手持剑经体前向左下抄挂，手臂外旋使剑身经头上方向右下平劈，与肩同高，剑尖向右；左手剑指随势划弧上架于头部左上方；目视右方。

动作要点： 以臂带剑，成立剑下劈；臂与剑呈一直线；劈剑力达剑身。

并步 011

传统术语：猿猴断尾。

现代术语：并步下截剑。

源流：青萍剑第三段第七式。

技法：截。

动作过程：（1）上体左转，左脚向左前方上步；同时，右手持剑经体前直臂平带至左肩侧；右手剑指附于右前臂内侧；目视剑尖方向。

（2）重心左移，右脚向左前方上步成并步直立；上体微右转，右手持剑直臂向右下截，剑身斜向下；左手剑指上架于头部左上方；目视剑尖方向。

动作要点：上下协调，动作紧凑；截剑力达剑身前段。

并步 012

传统术语：麻雀啄食。

现代术语：并步点剑。

源流：青萍剑术第一路第九式。

技法：点。

动作过程： 双脚依次向右前方上步成并步直立；同时，右手持剑经体前使剑身由头上方向右前提腕下点；左手剑指上架于头部左上方；目视剑尖方向。

动作要点： 连贯协调；立剑提腕下点，力达剑尖。

1.7 插步

插步 001

传统术语：扫径寻梅。

现代术语：插步下扫。

源流：青萍剑术第一路第十一式。

技法：扫。

动作过程：上体微左转后向右拧合，右脚向左前横跨一步，双腿交叉成左插步；同时，右手持剑经体前向左前方弧形下扫，随后扣腕回收向右后方弧形扫击；左手剑指分于头部左上方；目视剑身方向。

动作要点：外旋翻腕，内旋扣腕，向左右平扫；扫剑力达剑身。

插步 002
传统术语：猛虎戏山。
现代术语：插步挂剑。
源流：青萍剑术第一路第四十五式。
技法：削、挂。

动作过程：（1）右腿独立支撑，左腿屈膝上提；同时，右手持剑臂内旋扣腕，使剑尖经上向前、向左下挂剑；左手剑指收于右肩前。随即左脚向前落步；右手持剑继续向后在体左侧立圆挂剑。

（2）上动不停，右脚向左前方上步成左插步；同时，上体右转，右手持剑继续向右下、后上挂剑成立剑；左手剑指随势划弧上架于头部左上方；目视剑尖方向。

动作要点：上下协调一致，动作连贯紧凑；挂剑立圆，贴身扣腕；力达剑刃前段。

插步 003

传统术语：问路斩樵。

现代术语：插步下截剑。

源流：青萍剑第一段第四式。

技法：截。

动作过程： 上体微左转后向右拧合，左脚向右后方撤步成左插步；同时，右手持剑经体前向左平带，手心向上，剑尖斜向左下，随后臂内旋，使手心翻转向下并随转体向右下截；左手剑指屈肘附于右肩处；目视剑尖方向。

动作要点： 腰部拧合，重心稳定，上下协调配合；截剑力达剑身前段。

插步 004

传统术语：玉虎旋风。

现代术语：插步上截剑。

源流：青萍剑术第一路第五十七式。

技法：云、截。

动作过程： 上体右后回转，左脚、右脚随转体连续上步成左插步；同时，右手持剑经头上方沿逆时针方向平云一周后屈收至体前，并随转体向右上方截击；左手剑指随势经右前臂内侧向上撑架于头部左上方；目视剑尖方向。

动作要点： 云剑贴近头上方平圆运行；截剑力达剑身前部。

插步 005
传统术语：织女掷梭。
现代术语：挂剑插步下刺。
源流：盘龙剑第三段第二式。
技法：刺。

动作过程：（1）右腿独立支撑，左腿屈膝上提；同时，右手持剑臂内旋扣腕，使剑尖经上向前、向左下挂剑；左手剑指收于右肩前。随即左脚向前落步；右手持剑继续向后在身体左侧立圆挂剑，使剑尖向上、向前抄挂。

（2）上动不停，右脚向左前方摆脚上步成左插步；同时，上体右转，右手持剑屈肘回收至右腰间后向右下方立剑直刺；左手剑指随势上指于头部左上方；目视剑尖方向。

动作要点：挂剑贴身，剑走立圆；重心稳定；刺剑力达剑尖。

插步 006

传统术语：鸳鸯式。

现代术语：插步截剑（一）。

源流：达摩剑第一路第四式。

技法：截。

动作过程：（1）右脚向右前方上步，屈膝半蹲成半马步；同时，右手持剑坐腕下沉，使剑尖向上崩挑；左手剑指上架于头部左上方；目视剑身方向。

（2）接上动，重心右移，左脚向右后方撤步成左插步；同时，右手持剑直臂上举至头上方，随转体经体前向右下截击；左手剑指向左上穿伸；目视剑尖方向。

动作要点：上下相随，动作整体连贯紧凑；截剑力达剑身前段。

插步 007

传统术语：仙女甩袖。

现代术语：插步截剑（二）。

源流：青萍剑第一段第十一式。

技法：截。

动作过程：（1）上体微左转，右脚向右前方上步后重心右移，左腿屈膝上提，脚尖内扣，脚面绷直；同时，右手持剑屈收至左腰侧，随提膝向前直刺；左手剑指向后撑架于头部左上方；目视剑尖方向。

（2）接上动，重心下沉，左脚向右后方撤步成左插步；同时，上体右转，右手持剑下落至腹前后向右下截；左手剑指随势附于右肩处；目视剑尖方向。

动作要点：上下衔接紧凑，臂与剑呈一直线；截剑力达剑身前段。

插步 008

传统术语：黑虎舔裆。　　源流：武当剑第一路第八式。

现代术语：插步刺剑。　　技法：刺

动作过程：上体微向右拧转，左脚、右脚依次向右前方上步成左插步；同时，右手持剑经腰间向右前下方直刺；左手剑指屈肘附于右肩处；目视剑尖方向。

动作要点：上下连贯协调，同时到位；立剑直刺；力达剑尖。

插步 009

传统术语：飞虹横江。　　源流：青萍剑术第一路第十式。

现代术语：回身后劈。　　技法：劈。

动作过程：上体微向右拧转，重心上提，右脚向左前方横跨一步成左插步；同时，右手持剑经体前由上向右下平劈；左手剑指划弧上架于头部左上方；目视剑尖方向。

动作要点：腰部拧合，劲整式圆；直臂下劈，力达剑身。

插步 010

传统术语：青龙戏水。

现代术语：插步抱剑。

源流：少林拳体系

技法：抱。

动作过程：上体微向左拧转，右脚向左后方撤步成右插步；同时，右手持剑，双臂向体后分展，再随插步屈肘合抱剑于胸前，右手心向内，剑身竖直，左手剑指附于右腕处；目视左前方。

动作要点：开胸展臂，含胸合抱；动迅静定，连贯快速。

插步 011

传统术语：金针暗度。

现代术语：插步下截。

源流：青萍剑术第一路第二十二式。

技法：截。

动作过程：左脚向右后方撤步成左插步；同时，双臂向体后水平分展，随即右手持剑经右肩侧向左下方截击，手心向上，剑尖斜向下；左手剑指向前合于右腕处；目视剑尖方向。

运动要点：以腰带臂，上下相合；截剑力达剑身前段。

1.8 丁步

丁步 001

传统术语：快箭射雕。

源流：螳螂剑第三段第五式。

现代术语：丁步架剑。

技法：架。

动作过程： 右脚向右前方上步屈蹲；同时，右手持剑收抱于腹前，手心向上，剑尖向左；左手剑指附于右腕处。随即重心右移，左脚向右脚掌侧贴靠，前脚掌点地成丁步；右手持剑经体前上架于头部上方；左手剑指向左侧立指伸出；目视左方。

动作要点： 架剑手臂伸直，剑高于头，剑尖与指尖方向一致。

丁步 002

传统术语：蜻蜓点水。

源流：青龙战剑第十段第三式。

现代术语：丁步点剑。

技法：点。

动作过程： （1）左脚向后撤步屈蹲；同时，上体微后仰，右手持剑向拇指侧扣腕上挑，使剑身贴靠肩上耳侧；左手剑指屈肘附于右腕处；目视剑尖方向。

（2）接上动，重心前移，右腿屈膝半蹲，左脚掌向前贴靠，前脚掌点地成丁步；同时，右手持剑经右腰间向前提腕下点；左手剑指上架于头部左上方；目视剑尖方向。

动作要点： 上挑时上体微后仰，重心转换虚实分明；点剑力达剑尖。

丁步 003

传统术语：钟馗藏剑。

现代术语：腕花反丁步藏剑。

源流：少林拳体系。

技法：剪腕花、藏。

动作过程： 右脚向前上步屈蹲，左脚向前贴靠，前脚点地成丁步；同时，右手持剑以腕为轴，使剑尖由下向上在身体右侧做腕花一周后换握成反手持剑，剑身贴合右前臂置于右膝旁；左手剑指屈肘附于右肩处；目视前方。

动作要点： 以腕为轴，贴身立圆绕行，衔接连贯快速。

丁步 004

传统术语：老僧封门。

现代术语：丁步刺剑。

源流：武当剑第一路第十二式。

技法：刺。

动作过程： 右脚向右前方上步屈蹲，左脚脚掌点地成丁步；同时，右手持剑经右腰间向右前方平伸直刺；左手剑指屈肘附于右肩处；目视剑尖方向。

动作要点： 剑法清晰，步法轻快，上下相随；刺剑力达剑尖。

丁步 005

传统术语：金针入地。

现代术语：丁步下扎剑。

源流：查剑昆吾剑第五段。

技法：扎。

动作过程：左脚向前上步屈蹲，右脚随即向前贴靠，脚掌点地成丁步；同时，右手持剑经头上方向前下扎刺，剑身垂直，剑尖向下；左手剑指屈肘附于右腕处；目视前下方。

动作要点：上下配合一致；剑身垂直，力达剑尖。

丁步 006

传统术语：拂手拈香。

现代术语：丁步抱剑。

源流：武当剑第一路第十三式。

技法：抱。

动作过程：左脚向左侧跳步后屈膝半蹲，右脚随即向左侧贴靠，脚掌点地成丁步；同时，右手持剑经体右侧向上、向左下抱剑收于左胸侧，手心向内，剑身竖直；左手剑指随势屈肘附于剑柄处；目视左前方。

动作要点：上下协调配合，动作连贯圆活；剑尖向上。

1.9 叉步

叉步 001

传统术语：轩盖如云。

现代术语：上叉步按剑。

源流：查剑昆吾剑第三段。

技法：按。

动作过程：上体微向左拧转，左脚、右脚依次向左前方上步，双腿交叉屈蹲成叉步；同时，右手持剑经头上方向左划弧按剑于左膝前，手心向下，剑身持平；左手剑指屈肘附于右腕处；目视左前方。

动作要点：叉步双腿屈膝快速、稳定；按剑力达剑身。

叉步 002

传统术语：步线行针。

现代术语：跳叉步反撩。

源流：查剑昆吾剑第五段。

技法：撩。

动作过程：左脚向前上步蹬地发力，使身体腾空后双脚依次向右侧落步，双腿交叉屈蹲成叉步；同时，右手持剑外旋，使手心向内经体前向左、向下、向右立剑反撩，剑尖斜向下；左手剑指屈肘横架于左肩侧；目视剑尖方向。

动作要点：跳步重心平衡稳定，步法轻巧灵活；撩剑力达剑身前段。

1.10 横裆步

横裆步 001
传统术语：藤萝挂壁。
现代术语：转身横裆步带剑。
源流：青萍剑术第一路第三十四式。
技法：点、腕花、带。

动作过程：（1）上体微左转，左脚向左前方上步屈蹲，右膝上提，脚面贴扣左膝腘窝处；同时，右手持剑向左前方提腕下点；左手剑指附于右腕处；目视剑尖方向。

（2）接上动，重心右移，右脚向右侧落步成横裆步；同时，右手持剑以腕为轴，使剑尖向下、向后、向上、向前贴身立圆做腕花一周，再随转体带剑至左腰侧，手心向内，剑尖斜向上；左手剑指仍附于右腕处；目视左前方。

动作要点：技法连贯；腕花立圆；点剑力达剑尖。

横裆步 002

传统术语：射鱼指天。

现代术语：横裆步上崩。

源流：青萍剑术第一路第五十六式。

技法：崩。

动作过程：（1）上体微右转，右脚向左前方盖步；同时，右手持剑使剑尖由下向左、向右下方扣腕挑拨；左手剑指附于右腕处；目视剑尖方向。

（2）接上动，重心左移，左脚向左前方上步，屈膝半蹲成横裆步；同时，右手持剑经体前下落，向右上方坐腕上崩；左手剑指上架于头部左上方；目视剑身。

动作要点：坐腕上崩，贴身立圆，弧形环绕；崩剑力达剑尖。

2 步法

2.1 进步

进步 001
传统术语：指南金针。
现代术语：进步平伸穿剑。
源流：青萍剑术第一路第十八式。
技法：穿、抽。

动作过程： 上体直立，双脚连续前进三步成并步直立；同时，右手持剑经腰间随进步连续前穿，手心向下，剑身水平；左手剑指附于右腕处；目视前方。

动作要点： 进步连贯，上下协调配合。

2.2 退步

退步 001

传统术语：左索右拂。

现代术语：退步左右拦剑。

源流：查剑昆吾剑第四段。

技法：拦。

动作过程： 右脚、左脚、右脚连续后退三步；同时，右手持剑环抱于胸前，随退步左右拦剑，手心向内，剑尖竖直；左手剑指附于右腕处；目视前方。

动作要点： 上下肢协调配合，退步快速平稳。

2.3 上步

上步 001
传统术语：一矢平穿。
现代术语：上步抱剑。
源流：查剑昆吾剑第一段。
技法：抱。

动作过程： 双脚连续向前上步成并步站立；同时，左手反握剑柄持剑随并步合抱于胸前，手心向前，剑身水平，剑尖向左；右手剑指接握抱于剑柄处；目视前方。

动作要点： 上步轻灵敏捷；双臂合抱迅速。

上步 002

传统术语：银蛇穿林。

现代术语：上步三刺剑。

源流：查剑昆吾剑第三段。

技法：刺。

动作过程： 左脚、右脚连续前进四步，右脚在前，屈膝微蹲；同时，右手持剑经腰间向前连刺三剑；左手剑指附于右腕处；目视前方。

动作要点： 上步重心平稳；动作协调配合，快速有力；刺剑力达剑尖。

上步 003
传统术语：金殿挑帘。
现代术语：上步挑剑。
源流：查剑昆吾剑第四段。
技法：挑。

动作过程：（1）左脚、右脚、左脚连续前进三步，左脚在前，右脚在后；同时，右手持剑，双臂随上步向体两侧平展，剑尖向前；目视前方。

（2）接上动，左脚垫步踝脚，右脚屈收并向前上步；同时，上体左转，右手持剑下落并经右腰侧向右前上方弧形上挑，手心向前，剑尖斜向上；左手剑指上架于头部左上方；目视剑尖方向。

动作要点：步法连贯，上下协调配合；坐腕上挑，挑剑力达剑身前端。

上步 004

传统术语：朱衣点头。

源流：查剑昆吾剑第五段。

现代术语：上步点剑。

技法：点。

动作过程：左脚、右脚、左脚连续前进三步，左脚在前，右脚在后；同时，右手持剑经右腰侧随上步连续向前提腕下点；左手剑指分展于体侧；目随点剑看向剑尖方向后回看正前方。

动作要点：上下协调一致；双臂水平分展；立剑提腕下点，力达剑尖。

上步 005

传统术语：拨云望日。

源流：查剑昆吾剑第六段。

现代术语：上步左右抹剑。

技法：抹。

动作过程：左脚、右脚、左脚连续前进三步，左脚在前，右脚在后；同时，右手持剑经体侧随上步连续左右平抹；左手剑指随势附于右腕处；目视前方。

动作要点：平抹连贯圆活，上下协调配合。

2.4 撤步

撤步 001

传统术语：按甲擒贼。　　源流：查剑昆吾剑第六段。

现代术语：撤步按掌。　　技法：按。

动作过程： 双脚连续后撤三步成并步站立；同时，左手反握剑柄持剑，与右手剑指同步经身体右侧上举至头部上方，随后下落于两侧胯旁；动作过程中目随右剑指而视。

动作要点： 动作协调配合，上下同步到位。

撤步 002

传统术语：改辙展旗。　　源流：查剑昆吾剑第五段。

现代术语：撤步托剑。　　技法：托。

动作过程： 左脚向左后方撤步；同时，右手持剑外旋，使手心翻转向内，以剑把领劲向左托剑于右肩前，手心向内，剑尖向右；左手剑指屈肘附于右腕处；目视剑尖方向。

动作要点： 身械协调，上下相随。

2.5 击步

击步 001
传统术语：回马转锋。
现代术语：击步回刺。
源流：峨眉剑第一段第三式。
技法：刺。

动作过程：（1）右腿屈膝上提，脚尖内扣；同时，右手持剑屈肘抱剑于左胸前，剑身水平，剑尖向右；左手剑指屈肘附于右腕处；目视右前方。

（2）接上动，重心前移，右脚向前落步，左脚蹬地跳起，在空中击碰右脚，随即双脚依次落步成插步；同时，右手持剑在空中向前直刺；左手剑指向体后分展；目视前方。

（3）上动不停，上体右转，右手持剑屈肘经右腰间向右后下刺；左手剑指随转体向左后分展。上体继续右转，右脚掌蹍地，左脚扣脚上步成并步，双腿屈膝半蹲；目视剑尖方向。

动作要点：腾空轻灵，身械协调配合；刺剑力达剑尖。

击步 002

传统术语：拨云推山。

现代术语：击步回截剑。

源流：青龙战剑第七段第四式。

技法：截。

动作过程：（1）左脚向后撤步，双腿屈蹲；同时，右手持剑经头上方向下按剑于胸前，手心向下，剑尖向左；左手剑指屈肘附于右腕处；目视前方。

（2）接上动，重心后移，上体右后回转，右脚、左脚连续向前上步后右脚蹬地跳起，在空中击碰左脚，随即右脚、左脚依次向前落步成左弓步；同时，右手持剑下落，随击步向右下截剑；左手剑指随势向头部左上方直臂伸指；目视剑尖方向。

动作要点：动作紧凑，步法流畅，上下协调；截剑力达剑身前段。

击步 003

传统术语：流星赶月。

现代术语：击步撩剑。

源流：扬眉剑第六段第一式。

技法：撩。

动作过程： 上体左转，左脚向前上步后右脚蹬地跳起，在空中击碰左脚，随即落步后左脚、右脚连续向前上步成右弓步；同时，右手持剑外旋，使剑身经身体右侧向下、向前方立剑撩击；左手剑指上架撑于头部左上方；目视前方。

动作要点： 步法连贯；剑法清晰，上下相随；撩剑力达剑身前段。

2.6 行步

行步 001

传统术语：天马追风。

现代术语：行步转身点剑。

源流：武当剑第二路第九式。

技法：点。

动作过程：（1）上体左转，左脚向左前方上步屈膝半蹲，右脚跟离地，右膝微屈；同时，右手持剑内旋，使剑身经体前向下、向右上立剑反撩，拇指一侧向下，剑尖斜向右上；左手剑指弧形撑架于头部左上方；目视右下方。

（2）接上动，重心前移，右脚、左脚依次向前上步，上体右后回转，右脚随转身向前落步成右弓步；同时，右手持剑前带，随转身经体前向上、向右前提腕下点；左手剑指上架于头部左上方；目视剑尖方向。

动作要点：步幅均匀，重心平稳；点剑以腰带臂，以臂带剑；力达剑尖。

行步 002
传统术语：行龙直追。
现代术语：弧形步刺剑。
源流：少林拳体系。
技法：刺。

动作过程：（1）上体左后回转，以左脚掌为轴蹍地外展，右脚屈收上提向右前方落步，左脚、右脚成弧形步连上四步；同时，右手持剑经腹前向左上穿引；左手剑指划弧摆举至左腰侧后方；目随剑而视。

（2）上动不停，右腿屈膝上提向前落步成右弓步；同时，右手持剑屈肘回收至右腰间，再向前平伸直刺；左手剑指向左后分展，臂高于肩；目视剑尖方向。

动作要点：步法重心平稳；刺剑力达剑尖。

行步 003

传统术语：凤凰三点头。

现代术语：行步三点剑。

源流：少林拳体系。

技法：点。

动作过程： 上体左转，以左脚掌为轴蹍地外展，右腿屈收向右前方落步，左脚、右脚、左脚成弧形步连上三步；同时，右手持剑经右腰侧随行步向右前下方连点三剑；左手剑指随势经右腕处向左后分展，臂高于肩，拇指一侧朝向上；目视剑尖方向。

动作要点： 步法重心平稳，步幅均匀；上下协调配合；点剑提腕，力达剑尖。

行步 004

传统术语：曲卷风旋。

现代术语：弧行步抹剑。

源流：武当剑第四路第十六式。

技法：抹。

动作过程：上体右转，左脚、右脚依次向左前方成弧形步连上六步，随即上体左后回转，屈膝半蹲成右高虚步；同时，右手持剑经头上方向右平带至肩高，随行步平抹带至体前，手心向上，剑身水平；左手剑指随势撑架于头部左上方；目随剑而视。

动作要点：行步重心平稳；抹剑力达剑身。

行步 005

传统术语：一帆风顺。

现代术语：架剑弧形步。

源流：武当剑第五路第十八式。

技法：架。

动作过程：（1）上体右转，右脚向前方摆脚上步，随即左脚、右脚、左脚成弧形步连上三步；同时，右手持剑屈肘收架于胸前，手心向内，剑尖向右；左手剑指划弧撑架于头部左上方；目随剑尖而视。

（2）上动不停，右腿屈收并向右前方落步成右弓步；同时，右手持剑内旋下落收至右腰侧后向前平伸直刺；左手剑指经右肩向左后伸展，臂略高于肩；目视剑尖方向。

动作要点：步法连贯协调，行步平稳；剑架与肩平，上下协调配合，衔接自如。

3 腿法

3.1 直摆

直摆 001
传统术语：乌龙翻江。
现代术语：云剑回身持剑正踢腿。
源流：扬眉剑第五段第五式。
技法：云、背、撩、踢。

动作过程：（1）左脚向右脚侧盖步，上体向右后回转一周；同时，右手持剑经体前向上沿逆时针方向云剑一周后扣腕，使剑尖向下、向后反穿背剑于身后；左手剑指屈肘附于右肩处；目视前方。
（2）接上动，重心前移，左脚向前上步，随即右脚脚尖勾起正踢；同时，右手以腕为轴，使剑尖由下向上做腕花一周半，直臂背剑举至头顶，剑尖向下，剑身竖直；左手剑指仍置于右肩处；目视前方。

动作要点：立圆腕花，迅速上踢；上下协调配合，动作干净利落。

直摆 002
传统术语：张飞骗马。
现代术语：持剑正踢腿。
源流：八仙剑第十三式。
技法：腕花、踢。

动作过程：（1）左脚向后撤步；同时，右手持剑以腕为轴，使剑尖由下向上经身体右侧做腕花一周后换握反手持剑，垂于右大腿外侧；左手剑指垂于左大腿外侧；目视前方。

（2）上动不停，上体左后回转，左脚向前上步，右脚向上勾起正踢，随即右脚落步成并步站立；双臂仍垂于身体两侧；目视前方。

动作要点：立圆腕花，手腕松活；迅速上踢，上下协调配合。

直摆 003

传统术语：白鹤亮翅。

现代术语：撩挑侧踢腿架剑。

源流：峨眉剑第一段第六式。

技法：撩、挑、架、踢。

动作过程：右脚向左前盖步，左脚尖勾起经体侧踢向脑后，随即左腿下落成并步站立；同时，右手持剑以腕为轴，使剑尖由上向下经身体右侧做腕花一周后上架于头部右上方；左手剑指随势向前立指前伸；目视左前方。

动作要点：技法清晰，迅速上踢；上下肢同时完成，动作干净利落。

直摆 004

传统术语：蹬枝摘桃。

现代术语：侧踢腿歇步架剑。

源流：扬眉剑第五段第一式。

技法：架、踢。

动作过程：（1）左脚向右前盖步，右脚尖勾起经体侧踢向脑后；同时，右手持剑经头上方由左向右沿顺时针方向向平云一周后屈肘下落于胸前，手心向内，剑尖向右；左手剑指随势弧形撑架于头部左上方；目视右前方。

（2）上动不停，右脚侧踢落步，上体右转，双腿交叉屈膝全蹲成右歇步；同时，右手持剑由屈至伸上架于头部右上方；左手剑指随转体下落屈收附于右肩处；目视左前方。

动作要点：重心稳定，迅速上踢；上下协调配合，连贯圆活。

直摆 005

传统术语：燕子入巢。

现代术语：里合腿转身歇步下刺。

源流：扬眉剑第三段第七式。

技法：刺。

动作过程： 上体左后回转，左脚向左前方上步后摆脚踝地，右腿伸直，向左上里合踢腿，下落后屈膝全蹲，双腿交叉成左歇步；同时，右手持剑经右腰侧向头上方由左向右沿顺时针方向平云一周后下落屈收至左腰侧，随歇步向前下直刺；左手剑指附于右腕处；目视剑尖方向。

动作要点： 里合腿经面前扇形摆动下落；上下相随，整体连贯。

3.2 屈伸

屈伸 001

传统术语：浪子蹴球。

现代术语：弹腿挑剑。

源流：螳螂剑第四段第四式。

技法：挑。

动作过程：右脚向前上步，左腿向前弹出；同时，右手持剑经身体右侧向上挑举，剑身垂直，剑尖向上；左手剑指向身体左侧平伸分展；目视前方。

动作要点：上下肢同步完成；弹腿力达脚尖；挑剑力达剑身。

屈伸 002

传统术语：饿虎扑食。

现代术语：弹腿刺剑。

源流：青萍剑第三段第六式。

技法：刺。

动作过程：左脚向左前方上步，右腿向前弹出；同时，右手持剑经腰间向前直刺；左手剑指屈收附于右前臂内侧；目视剑尖方向。

动作要点：臂与剑身呈一直线；弹腿力达脚尖；刺剑力达剑尖。

屈伸 003

传统术语：银狐扬沙

现代术语：弹腿撩剑。

源流：峨眉剑第一段第三式。

技法：撩。

动作过程： 上体左转，左脚向左前方上步，右腿向前弹出；同时，右手持剑以腰带臂，使剑身经身体右侧、左侧立圆绕行撩剑一周后屈肘回收于肩上耳侧，手心向右；左手剑指向前平伸指出；目视前方。

动作要点： 以腰带臂，以臂带剑，立圆贴身，弧形环绕；弹踢腿力达脚尖，快速有力。

屈伸 004

传统术语：天边挂月。

现代术语：弹腿刺剑。

源流：青萍剑第二段第一式。

技法：劈、刺。

动作过程：上体右转，右脚向右前方上步，左腿向前弹出；同时，右手持剑以腕为轴，使剑尖经身体右侧由下至上立圆做腕花一周后屈肘收至右腰侧，随弹腿向前平伸直刺；左手剑指前引后屈收至右肩处；目视前方。

动作要点：上下肢协调配合；弹踢力达脚尖；刺剑力达剑尖。

4 平衡

4.1 直立

直立 001
传统术语：神龙摆尾。
现代术语：后提腿架剑。
源流：青萍剑术第一路第二十四式。
技法：架。

动作过程： 右脚向左后方插步，上体右后回转，右脚再以脚掌蹍地回转，左腿随转体屈膝后提，脚底向上；同时，右手持剑经腹前向左上穿引，经头上方由右向左沿逆时针方向平云一周后架剑于头部右上方；左手剑指随转体附于右肩处；目随转体而视。

动作要点： 身械协调一致。

直立 002
传统术语：鹭眠沙汀。
现代术语：望月后刺。
源流：峨眉剑第一段第七式。
技法：刺。

动作过程： 上体微向左下，侧倾拧腰，左腿独立支撑后屈膝半蹲，右腿屈收后提，脚底向上，随左腿屈蹲向左下拧合；同时，右手持剑向左下直刺；左手剑指向左后分展后屈肘附于右腕处；目视剑尖方向。

动作要点： 臂与剑呈斜向直线；支撑腿重心稳定；刺剑力达剑尖。

直立 003

传统术语：望月摘星

现代术语：望月反撩。

源流：峨眉剑第四段第九式。

技法：撩。

动作过程：（1）双腿屈膝半蹲；同时，双臂抱剑合于体前，剑身竖直，剑尖朝上；左手剑指附于右腕处；目视前方。

（2）接上动，右腿蹬伸直立，上体向右侧前倾拧腰，左腿屈膝后提，脚底向上，成望月平衡式；同时，右手持剑向下、向右后上方直臂反撩，拇指一侧向下，剑尖斜向上；左手剑指撑架于头部左上方；目视剑尖方向。

动作要点：支撑腿稳定；上下肢同时到位；撩剑力达剑身前段。

直立 004

传统术语：扬鞭催马。

现代术语：望月截剑。

源流：扬眉剑第六段第四式。

技法：截。

动作过程：（1）双腿屈膝半蹲；同时，双臂抱剑合于体前，剑身竖直，剑尖朝上；左手剑指附于右腕处；目视前方。

（2）接上动，右腿蹬伸直立，上体向右侧前倾拧腰，左腿屈膝后提，脚底向上，成望月平衡式；同时，右手持剑向右侧平截，高与肩平；左手剑指划弧撑架于头部左上方；目视剑尖方向。

动作要点：上下肢同时完成，支撑腿稳定；截剑力达剑身前段。

直立 005

传统术语：回头望月。

现代术语：望月推剑。

源流：少林竞赛剑第三段第五式。

技法：推。

动作过程：（1）双腿屈膝半蹲；同时，右手持剑经头上方由左向右沿顺时针方向平云一周后屈肘下落于胸前，手心向内，剑尖向右；左手剑指附于右腕处；目视前方。

（2）接上动，左腿蹬伸直立，上体向右侧前倾拧腰，右腿屈膝后提，脚底向上，成望月平衡式；同时，右手持剑由前上推剑至体前；左手剑指向左后伸展，剑指斜向左下方；目视右前方。

动作要点：重心稳定；剑身平行向右；力达剑身。

直立 006

传统术语：紫燕侧翅。

现代术语：望月架剑。

源流：青萍剑第三段第三式。

技法：架。

动作过程：（1）双腿屈膝半蹲；同时，双臂抱剑合于体前，剑身竖直，剑尖向上；左手剑指附于右腕处；目视前方。

（2）接上动，左腿蹬伸直立，上体向左侧拧腰，右腿屈膝后提，脚底向上，成望月平衡式；同时，右手持剑由下向右上方抖腕上架；左手剑指向左侧伸出；目视剑指方向。

动作要点：上体左侧拧转，转腰回看；力达剑身。

直立 007

传统术语：金童提炉。

现代术语：望月抱剑。

源流：青萍剑第四段第九式。

技法：抱。

动作过程：右脚向前上步后左腿屈膝后提，脚底向上，上体向右侧前倾拧腰，成望月平衡式；同时，右手持剑经体前屈肘收抱于左胸前，手心向内，剑尖向右；左手剑指上举附于右腕处；目视右前方。

动作要点：上下协调配合一致，双臂屈肘收抱。

4.2 仰身

仰身 001

传统术语：金蝉脱壳。

现代术语：屈膝仰身后刺。

源流：峨眉剑第二段第二式。

技法：刺。

动作过程： 左脚向左前方上步；同时，右手持剑屈肘抱于胸前，剑身向上；左手剑指附于右腕处。随即左腿蹬伸，右膝上提，脚尖内扣，脚面绷直；右手持剑随提膝仰身向右上后刺；左手剑指屈肘附于右肩处；目视剑尖方向。

动作要点： 身体后仰，重心稳定，动作协调一致；刺剑力达剑尖。

仰身 002

传统术语：银蛇缠身。

现代术语：仰身下刺。

源流：峨眉剑第四段第一式。

技法：刺。

动作过程：（1）上体右转，右脚向后撤步；同时，右手持剑以腕为轴，使剑尖由上向下在身体前后做立圆腕花一周后收于右胯侧；左手剑指屈肘附于右肩处。

（2）接上动，上体左转，右脚向前上步，左腿屈膝向前弹踢，身体后仰成仰身平衡式；同时，右手持剑以腕为轴，继续由下向上在体前立圆做腕花一周，随提膝仰身经面前向右后方下刺，剑尖斜向下；左手剑指屈收附于右腕处；目视后上方。

动作要点：身体后仰接近水平，重心平衡稳定；刺剑力达剑尖。

仰身 003

传统术语：懒睡牙床。　　源流：八仙剑第三十四式。

现代术语：仰身后点。　　技法：点。

动作过程：左脚向前上步后右腿屈膝向前弹踢，身体后仰成仰身平衡式；同时，右手持剑经体前向上、向后方下点；左手剑指附于右腕处；目视后上方。

动作要点：仰身后点，重心稳定；立剑提腕；力达剑尖。

仰身 004

传统术语：铁桥竞渡。　　源流：武当剑第二路第六式。

现代术语：仰身后刺。　　技法：抱、刺。

动作过程：左脚向前上步，右腿屈膝上提，脚尖内扣，脚面绷直；同时，双臂经体侧合抱剑于胸前，右手心向内，剑身垂直于地面；左手剑指附于右腕处；目视前方。随即上体后仰，右腿向前弹踢；右手持剑向右后方上刺；左手剑指屈肘附于右肩处；目视后上方。

动作要点：上体后仰接近水平，重心平衡稳定，动作协调同步。

4.3 俯身

俯身 001

传统名称：探海式。

现代名称：屈膝探海。

源流：查剑昆吾剑第二段。

技法：提。

动作要点：（1）双腿屈膝半蹲；同时，双臂抱剑合于体前，剑身竖直，剑尖朝上；左手剑指附于右腕处；目视前方。

（2）接上动，左腿蹬伸直立，上体侧倾前俯，右腿屈膝上提，脚面绷直，脚尖内扣；同时，右手持剑上提至右耳侧，手心向内，剑尖斜向左下；左手剑指向左前下方指出；目视左下方。

动作要点：重心稳定；上体前俯低于水平，上下肢连贯一致。

俯身 002

传统术语：蝎子翘尾。

现代术语：屈腿后举探海前指。

源流：盘龙剑第二段第二式。

技法：架。

动作过程：（1）双腿屈膝半蹲；同时，双臂抱剑合于体前，剑尖斜向上；左手剑指附于右腕处；目视前方。

（2）接上动，右腿蹬伸直立，上体前倾俯身，左腿屈膝后提，脚底向上；同时，右手持剑上架于头部右上方，剑尖向前，剑身水平；左手剑指向前平伸指出；目视前方。

动作要点：重心稳定，上下肢同步完成；立剑水平上架。

俯身 003

传统术语：金龙探爪。

现代术语：探海下刺。

源流：峨眉剑第三段第五式。

技法：刺。

动作过程： 右脚向前上步，随即左脚向前丁步点地；同时，右手持剑屈收至右腰侧；左手剑指附于右腕处；目视前下方。随即上体前俯，右腿蹬伸直立，左腿向后挺膝伸直，脚面绷直，成探海平衡式；右手持剑经腰间向前下探刺；左手剑指向左后上方指出；目视剑尖方向。

动作要点： 动作舒展大方，重心稳定；刺剑力达剑尖。

俯身 004

传统术语：夜叉探海。

现代术语：探海前刺。

源流：扬眉剑第二段第五式。

技法：刺。

动作过程： 右脚向前上步，随即左脚向前丁步点地；同时，右手持剑屈收至腹前；左手剑指附于右腕处；目视前下方。随即上体前俯，右腿蹬伸直立，左腿向后挺膝伸直，脚面绷直，成探海平衡式；右手持剑向前下探刺；左手剑指随势附于右腕处；目视剑尖方向。

动作要点： 上体前俯低于水平；剑向前下探刺；力达剑尖。

俯身 005

传统术语：乌鹊飞空。

现代术语：探海撩剑。

源流：青萍剑第四段第七式。

技法：撩。

动作过程：上体右转，左脚向左后方撤步，随即右腿蹬伸直立，左腿向左后直腿上举；同时，右手持剑随转体经体侧由上向后、向下、向前上方贴身立圆撩击，拇指一侧向上，剑尖斜向上；左手剑指经体前向上划弧摆举至体后侧，指尖斜向上；目视剑尖方向。

动作要点：贴身立圆，上下肢协调一致；力达剑身前段。

俯身 006

传统术语：云龙探爪。

现代术语：探海探刺。

源流：武当剑第四段第五式。

技法：刺。

动作过程：右脚向前上步，左脚向左后直腿上举；同时，右手持剑经体右侧由上向下探刺，剑尖向下，剑身垂直；左手剑指划弧撑架于头部左侧；目视前方。

动作要点：重心稳定，上体前倾成水平；刺剑力达剑尖。

俯身 007

传统术语：大鹏展翅。

现代术语：燕式架剑。

源流：峨眉剑第一段第一式。

技法：架。

动作过程： 双腿屈膝半蹲；同时，双臂合抱剑于体前，剑尖斜向上；左手剑指附于右腕处。随即右腿蹬伸直立，左腿屈膝后提，脚底向上；右手持剑向上撑架于头部右上方；左手剑指向左肩侧平伸指出；目视剑指方向。

动作要点： 重心稳定，身械协调一致；架剑力达剑身。

俯身 008

传统术语：老龙伸腰。

现代术语：燕式前刺平分。

源流：少林竞赛剑第四段第五式。

技法：刺、分。

动作过程： 右脚向前上步，左腿向后直腿上举，成燕式平衡式；同时，右手持剑，左手剑指，双臂经腰间向前直刺，随后分展于身体左右两侧，剑尖向前，剑身平行于地面；目视前方。

动作要点： 重心稳定；双臂与肩同高。

俯身 009

传统术语：玉女望月。

现代术语：燕式反撩。

源流：青萍剑第四段第十式。

技法：撩。

动作过程： 上体前俯，双腿屈蹲后右腿蹬伸直立，左腿屈膝后摆；同时，右手持剑经体右侧由下向后上方弧形反撩，拇指一侧向下，剑尖斜向后上方；左手剑指划弧后摆于身体左侧；目视前方。

动作要点： 挺胸夹背，双臂舒展；撩剑力达剑身前段。

4.4 屈蹲

屈蹲 001

传统术语：虎踞龙盘。

现代术语：扣腿点剑。

源流：扬眉剑第七段第五式。

技法：点。

动作过程： 右脚向右前方上步后屈膝半蹲；同时，右手持剑向拇指侧屈腕上挑至肩上耳侧；左手剑指屈肘附于右肩处。随即重心前移，左脚向前紧扣于右膝腘窝处，成扣腿平衡；同时，右手持剑向右前方提腕下点；左手剑指撑架于头部左上方；目视剑尖方向。

动作要点： 重心稳定，上下协调；立剑提腕，力达剑尖。

屈蹲 002

传统术语：灵童敬香。

现代术语：扣腿挑剑。

源流：少林拳体系。

技法：挑。

动作过程： 右脚向右前方上步；同时，右手持剑向右前方平刺，左手剑指向左后平伸分展；目视剑尖方向。随即重心下沉，右腿屈膝半蹲，左脚向前紧扣于右膝膕窝处；同时，右手持剑坐腕下沉，使剑尖上挑；左手剑指划弧上举至头部左上方；目视剑身。

动作要点： 支撑腿平衡稳定；抖腕上挑，力达剑尖。

屈蹲 003
传统术语：乌龙摆尾。
现代术语：盘腿平斩。
源流：盘龙剑第二段第六式。
技法：云、斩。

动作过程：右脚向后撤步成半马步，随即上体仰身涮腰一周后重心右移，右腿屈膝半蹲，成盘腿平衡；同时，右手持剑随转体经头上方由右向左沿逆时针方向平云一周后向右平斩；左手剑指经右腕处向左上架于头部左上方；目随剑而视。

动作要点：涮腰仰身成平圆环绕；斩剑与肩同高，力达剑身。

屈蹲 004

传统术语：飞鸟投林。

现代术语：云剑跃步横斩盘腿。

源流：峨眉剑第二段第三式。

技法：云、斩。

动作过程：（1）上体右后回转一周；右脚向右前方摆脚上步，左脚随即扣脚落步，成并步屈蹲；同时，右手持剑经腹前向头上方由右向左沿逆时针方向平云一周后屈肘下落至腹前，手心向下；左手剑指随势附于右肩处。

（2）上动不停，右脚蹬地跳起，左腿屈膝上抬，脚面绷直，上体右转；同时，右手持剑由前向右平斩，手心向下；左手剑指向上撑架于头部左上方；目视右前方。

（3）接上动，双脚原地落步，右腿屈膝半蹲，成盘腿平衡；目视右前方。

动作要点：起跳轻灵，上下肢协调配合；斩剑力达剑刃前段。

4.5 独立式

独立式 001

传统名称：黑熊出洞。　　源流：查剑昆吾剑第一段。

现代名称：提膝指手。　　技法：带。

动作过程：右脚向右后方撤步，重心右移，右腿独立支撑，左腿屈膝上提，脚尖内扣，脚面绷直；同时，右手持剑由右向左前平带至体前后屈肘收至右腰侧；左手剑指向前指出；目视剑指方向。

动作要点：提膝过腰，支撑腿稳定，上下协调一致。

独立式 002

传统名称：大雁展翅。　　源流：查剑昆吾剑第一段。

现代名称：提膝抹剑。　　技法：抹。

动作过程：上体左转，左脚向左前方上步，重心右移，右腿独立支撑，左腿屈膝上提，脚尖内扣，脚面绷直；同时，右手持剑随转体经右向左平抹后内旋向右抽带至右肩侧；左手剑指经右腕处向左侧平撑侧举；目视前方。

动作要点：重心稳定；以身带剑，力达剑身。

独立式 003

传统名称：神龙反首。

现代名称：转身提膝挂剑。

源流：查剑昆吾剑第六段。

技法：挂。

动作过程： 上体左后回转，左脚向左前方摆脚上步后右脚再向前上步转身，重心移至左腿，左腿独立支撑，右腿屈膝上提，脚尖内扣，脚面绷直；同时，右手持剑外旋，使剑身贴靠体右侧，随转体立圆抄挂一周，经上划弧带剑于体前，手心向内，剑身竖直；左手剑指随势抡臂后上举撑于左肩斜上方；目视剑身。

动作要点： 贴身立圆，上下协调；力达剑身前段。

独立式 004
传统名称：鸳鸯交颈。
现代名称：提膝撩剑。
源流：青萍剑术第六路第六十二式。
技法：截、撩。

动作过程：（1）左脚向后撤步，右腿屈膝上提，脚尖内扣，脚面绷直；同时，右手持剑经体左侧由下向前上弧形反截，剑尖斜向前下方；左手剑指屈肘附于右腕处；目视剑尖方向。

（2）接上动，重心后移，右脚向后落步，左腿屈膝上提，脚尖内扣，脚面绷直；同时，右手持剑经体右侧由下向前上立圆弧形撩击，手心向上，剑尖斜向前上方；左手剑指屈肘撑架于头部左上方；目视剑尖方向。

动作要点：重心稳定；撩剑贴身立圆；截剑力达剑前端外侧刃。

独立式 005

传统名称：敬德托鞭。

现代名称：提膝带剑。

源流：青萍剑术第一路第二十七式。

技法：带。

动作过程：左脚向左后方撤步成独立支撑，右腿屈膝上提，脚尖内扣，脚面绷直；同时，右手持剑经体前向后屈收带剑至左肩侧，手心向内，剑尖向前；左手剑指由左后分展屈肘合抱剑于右腕处；目视右前方。

动作要点：重心转换平衡稳定，提膝屈收快速有力，上下同步协调。

独立式 006

传统名称：灵猫扑鼠。

现代名称：提膝点剑。

源流：青萍剑术第一路第四十六式。

技法：点。

动作过程：右脚向前上步成独立支撑，左腿屈膝上提，脚尖内扣，脚面绷直；同时，右手持剑经右腰侧向右前方提腕下点；左手剑指划弧撑架于头部左后上方；目视剑尖方向。

动作要点：左臂后撑，形成对拉拔长之势；提腕立剑下点，力达剑尖。

独立式 007

传统名称：提登抱柱。

现代名称：提膝抱剑。

源流：武当剑单剑套路第四十二式。

技法：抱。

动作过程： 右腿独立支撑，左腿屈膝上提，脚尖内扣，脚面绷直；同时，右手持剑屈肘收抱于左肩侧，手心向内，剑尖向上；左手剑指屈收置于右腕处；目视右前方。

动作要点： 提膝快速有力，上下协调同步；膝与肩相合，形成合力。

独立式008

传统名称：提登式。

现代名称：提膝架剑。

源流：武当剑单剑套路第十五式。

技法：架。

动作过程： 右脚向左前方上步后成独立支撑，左腿屈膝上提，脚尖内扣，脚面绷直；同时，右手持剑内旋，使剑身经体前向上横架于头部右上方；左手剑指向前立指前伸；目视前方。

动作要点： 支撑腿稳定，上下相随；力达剑身。

独立式 009

传统名称：仙鹤寻食。

现代名称：提膝下刺剑。

源流：武当剑单剑套路第二十六式。

技法：刺。

动作过程：右脚向右前方上步成独立支撑，左腿屈膝上提，脚尖内扣，脚面绷直；同时，右手持剑经左胸前向右下方直刺；左手剑指经右腕处向左后上方指出；目视剑尖方向。

动作要点：臂与剑呈一直线；力达剑尖。

独立式 010

传统名称：鸾回凤翥。

现代名称：转身提膝点剑。

源流：武当剑单剑套路第二十七式。

技法：点。

动作过程：上体向左后回转半周，左脚向后撤步转身，随即左腿独立支撑，右腿屈膝上提，脚尖内扣，脚面绷直；同时，右手持剑上提至头上方后背剑于体后，再随转体向前下方提腕下点；左手剑指屈肘附于右腕处；目视剑尖方向。

动作要点：上下配合协调，整体连贯；立剑提腕，力达剑尖。

独立式 011

传统名称：倦鸟回巢。

现代名称：转身提膝反刺剑。

源流：武当剑单剑套路第三十六式。

技法：崩、刺。

动作过程：上体向左后回转，左脚向左前方摆脚上步，右脚向前内扣落步，随即右腿独立支撑，左腿屈膝上提，脚尖内扣，脚面绷直；同时，右手持剑经身体右侧向前上坐腕上崩，再随转体经右耳侧向前下反刺，拇指一侧向下，手心向右；左手剑指屈肘横架于头部左侧方；目视剑尖方向。

动作要点：坐腕上崩，立圆贴身绕行，上下合力；反刺力达剑尖。

独立式 012

传统名称：沙场点将。

现代名称：转身提膝点剑。

源流：武当剑单剑套路第四十七式。

技法：点。

动作过程：上体向左转半周，左脚向左前方摆脚上步，右脚向前内扣落步，随即右腿独立支撑，左腿屈膝上提，脚尖内扣，脚面绷直；同时，右手持剑经身体右侧由下向上带剑至肩上耳侧，再随提膝向前提腕下点；左手剑指划弧抡臂后附于右腕处；目视剑尖方向。

动作要点：立圆贴身环绕；剑随身走，提腕下点；力达剑尖。

独立式 013

传统名称：飞沙走砾。

现代名称：上步提膝撩剑。

源流：武当剑单剑套路第五十九式。

技法：撩。

动作过程：左脚撤步，随后左脚、右脚向前连上两步，右腿独立支撑，左腿屈膝上提，脚尖内扣，脚面绷直；同时，右手持剑上架，再随上步经身体左右两侧向前上方连续贴身立圆撩击，剑尖斜向上；左手剑指撑架于头部左后方；目视剑尖方向。

动作要点：上下协调配合；技法清晰，剑走立圆，连贯圆活。

独立式 014

传统术语：金鸡独立。

现代术语：云剑提膝平斩。

源流：峨眉剑第四段第五式。

技法：斩。

动作过程：右脚向右前方上步后重心左移，左腿蹬伸直立，右腿屈膝上提，脚尖内扣，脚面绷直；同时，右手持剑经面前向上由右向左沿逆时针方向平云一周后向右前直臂平斩；左手剑指经右腕处向左后平撑侧举；目视剑尖方向。

动作要点：以身带剑，上下相合，剑身与膝朝同一方向；力达剑身。

独立式 015

传统术语：鹞子钻天。

现代术语：跳步提膝上刺。

源流：峨眉剑第六段第八式。

技法：刺。

动作过程：右脚原地跳步后独立支撑，左腿屈膝上提，脚尖内扣，脚面绷直；同时，右手持剑经体前向右平带至右腰侧后向上直刺，剑身竖直，剑尖向上；左手剑指于左膝内侧直臂下指；目视左前方。

动作要点：重心稳定，上下协调同步，上下对拉拔长；力达剑尖。

独立式 016

传统术语：独立托山。

现代术语：提膝按剑。

源流：青龙战剑第七段第五式。

技法：按。

动作过程：右脚向右前方上步，重心右移，右腿独立支撑，左腿屈膝上提，脚尖内扣，脚面绷直；同时，右手持剑经体右侧向前划弧平带后下按置于右胯旁；左手剑指撑架于头部左上方；目视前方。

动作要点：重心转换快速平稳；立身上顶，上下对拉拔长。

独立式 017

传统术语：罗汉上殿。

现代术语：独立平举剑。

源流：盘龙剑预备式。

技法：持剑。

动作过程：右脚向前上步后独立支撑，左腿屈膝上提，脚尖内扣，脚面绷直；同时，右手持剑向上屈收至胸前后左手接握剑柄，平举于胸前；右手变剑指经体右侧向上抖腕架于头部右上方；目视左前方。

动作要点：左手接握准确，衔接顺畅；剑身贴合前臂内侧。

5 跳跃

5.1 直体

直体 001
传统术语：白猿偷桃。
现代术语：腾空箭弹上刺剑。
源流：螳螂剑第二段第六式。
技法：刺。

动作过程：左脚、右脚依次向前上步后蹬地发力起跳腾空，左腿屈膝上提，脚尖向下，右腿由屈至伸向前弹出，脚面绷直；同时，右手持剑自右腰侧向前上方直刺；左手剑指随身体起跳向下、向后摆动；目视前方。

动作要点：起跳有力，落地轻盈，重心稳定；刺剑力达剑尖。

直体 002
传统名称：蹿天猴。
现代名称：持剑二起脚。
源流：查剑昆吾剑第六段。
技法：持。

动作过程： 上体直立，重心前移；右手持剑，换左手反握剑柄持剑。随即左脚、右脚依次向前上步后蹬地发力起跳腾空，左腿屈膝上提，脚尖向下，右腿上摆，脚面绷直，脚高于肩；同时，右手击拍右脚面；左手持剑随身体起跳向下、向后摆动；目视前方。

动作要点： 起跳轻灵，击拍连续快速，击响脚高于肩。

直体 003
传统术语：旋风拔树。
现代术语：背剑旋风脚。
源流：青龙战剑第十段第四式。
技法：持。

动作过程：（1）左脚向后撤步；同时，右手持剑以腕为轴向下、向上在身体前后立圆绕行腕花一周，剑尖向背后绕行成背剑；左手剑指附于右肩处；目视左方。

（2）上动不停，上体左转，左脚、右脚随转体依次向左前方上步，右脚蹬地发力起跳，使身体腾空向左上方拧转360°，左腿向左后上方屈膝抬起，右膝伸直向上经面前里合摆动；同时，左手击拍右脚掌；右手持剑背剑于身后。

（3）接上动，双脚同时落地，屈膝半蹲成马步；同时，左手剑指向身体左侧平指；右手持剑继续背剑于身后；目视剑指方向。

动作要点：蹬地腾空，脚高于肩，击拍响亮；落地稳定。

5.2 其他

其他 001

传统术语：猿猴斩臂。

现代术语：翻身跳劈剑。

源流：峨眉剑第二段第一式。

技法：劈。

动作过程：左脚向前摆脚上步，蹬地发力起跳腾空，身体随起跳腾空向左后回转，随即双脚同时落步成马步；右手持剑经身体右侧向前由上向下立圆划弧一周后随腾空转体向右下劈，剑身水平，剑尖向右；左手剑指屈肘置于右肩处；目视剑尖方向。

动作要点：蹬地腾空；以身带臂，以臂带剑，劈剑立圆；力达剑身。

其他 002
传统术语：鹰拿雁捉。
现代术语：翻身跳挂剑。
源流：青龙战剑第四段第二式。
技法：挂。

动作过程：（1）左脚、右脚依次向左侧转身上步后右脚蹬地发力起跳，使身体腾空并向左翻身一周；同时，右手持剑经身体右侧由下向上再由上向下立圆贴身抄挂一周后，随腾空翻身继续挂剑绕行一周；左手剑指向身体左侧分展并随势抡臂摆动。

（2）上动不停，双脚腾空后左右脚依次落地，随即右脚继续蹬地发力起跳，使上体腾空，向左翻身一周；同时，右手持剑随腾空翻身继续挂剑绕行一周；左手剑指向身体左侧分展并随势抡臂摆动。

（3）上动不停，双脚腾空后左右脚依次落地，成站立步；右手持剑下挂置于体前；左手剑指下落置于左胯旁；目视前方。

动作要点：连续翻身连贯流畅；贴身立圆划弧，手腕内扣；剑随身走，上下协调，连贯灵活。

其他 003
传统术语：鹞子翻身。
现代术语：翻身跳刺剑。
源流：青龙战剑第七段第二式。
技法：刺。

动作过程： 左脚、右脚依次向左侧上步后右脚蹬地发力起跳，使身体腾空并向左翻身一周；同时，右手持剑经体右侧立圆贴身抄挂一周后屈肘收至右腰间，随双脚依次落步向前立剑直刺；左手剑指随转体上举至肩上左侧后方；目视剑尖方向。

动作要点： 步法轻巧灵活；翻腰快速协调，衔接紧凑，连贯圆活。

其他 004
传统术语：翻身劈山。
现代术语：连续跳转身刺剑。
源流：青龙战剑第八段第一式。
技法：刺。

动作过程： 左脚向左侧摆脚上步后蹬地发力起跳，使身体向左转体一周，随即左脚、右脚依次落地成站立步；同时，右手持剑随转体经腰间向前连刺三剑；左手剑指在刺剑的同时向后平伸指出；目视剑尖方向。

动作要点： 动作连贯，上下协调，落地重心稳定；刺剑力达剑尖。

6 器械方法

6.1 剪腕花

腕花 001
传统术语：风火轮。
现代术语：左右腕花。
源流：青龙战剑第一段第六式。
技法：剪腕花。

动作过程：上体直立，右手持剑以腕为轴向下、向上在身体左右两侧立圆腕花绕行一周。随即双脚依次向后撤步成并步站立；同时，右手持剑沿身体左右两侧继续腕花一周后按剑于右胯旁；左手剑指分按于左胯侧；目视前方。

动作要点：贴身立圆绕行，左右连贯，上下协调一致。

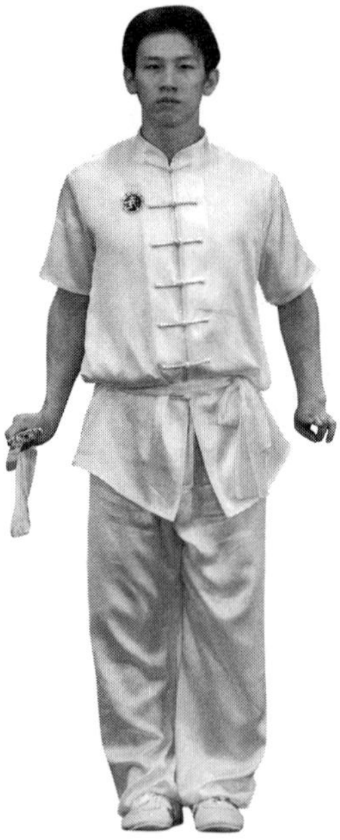

6.2 绞剑

绞剑 001

传统术语：青龙嬉水。

现代术语：退步绞剑。

源流：螳螂剑第四段第八式。

技法：绞。

动作过程：（1）左脚向后撤步；同时，右手持剑带剑前举至肩高；左手剑指向身体左后侧平撑侧举；目视前方。

（2）上动不停，重心右移，右脚、左脚依次向后撤步；同时，右手持剑以腕为轴，使剑尖由右向左成立圆划弧绞剑；左手剑指仍于身体左后侧平撑侧举；目视剑尖方向。

动作要点：以腰带臂，以臂带剑，上下协调；绞剑力达剑身前端。

绞剑 002

传统术语：青龙探舌。

现代术语：绞剑三步。

源流：青龙战剑第二段第四式。

技法：绞。

动作过程：（1）右脚向前上步蹬地跳起，在空中击碰左脚后右脚、左脚依次下落；同时，右手持剑带剑前举至肩高；左手剑指向左后侧平撑侧举；目视前方。

（2）上动不停，重心继续前移，右脚、左脚依次向前连进三步；同时，右手持剑以腕为轴，使剑尖由右向左成立圆划弧绞剑；左手剑指仍于身体左后侧平撑侧举；目视剑尖方向。

（3）上动不停，右脚屈收向前落步成右弓步；同时，右手持剑屈收至右腰侧后向前直刺；左手剑指向身体后侧平伸后指；目视前方。

动作要点：步法轻巧灵活，紧凑协调；上下连贯完整。